中小学生综合实践活动系列读本

灵动时节
二十四节气探寻之旅
秋季篇

娄卫润 宋志侠 罗丽红 ◎编著

燕山大学出版社
·秦皇岛·

书中部分图片未知版权，请作者联系我们，以便支付稿酬

图书在版编目（CIP）数据

灵动时节. 二十四节气探寻之旅秋季篇 / 娄卫润，宋志侠，罗丽红编著.—秦皇岛：燕山大学出版社，2023.2

ISBN 978-7-5761-0401-1

Ⅰ. ①灵… Ⅱ. ①娄… ②宋… ③罗… Ⅲ. ①活动课程－小学－课外读物 Ⅳ. ①G622.3

中国版本图书馆 CIP 数据核字（2022）第 177712 号

灵动时节
——二十四节气探寻之旅秋季篇

娄卫润 宋志侠 罗丽红　编著

出 版 人：陈　玉			
责任编辑：王　宁			
责任印制：吴　波		封面设计：刘韦希	
出版发行：燕山大学出版社 YANSHAN UNIVERSITY PRESS		电　　话：0335-8387555	
地　　址：河北省秦皇岛市河北大街西段 438 号		邮政编码：066004	
印　　刷：秦皇岛墨缘彩印有限公司		经　　销：全国新华书店	
开　　本：210mm×285mm　1/16		印　　张：10	
版　　次：2023 年 2 月第 1 版		印　　次：2023 年 2 月第 1 次印刷	
书　　号：ISBN 978-7-5761-0401-1		字　　数：164 千字	
定　　价：28.80 元			

编　委　会

总　序

依托秦皇岛市研学基地开发综合实践活动课程资源

综合实践活动课程是 2001 年我国第八次基础教育课程改革设立的必修课程，目的是克服学校课程脱离社会发展和学生生活实际的不足，改变学生被动接受知识学习的局面，积极推进素质教育，创新人才培养模式，提高学生的社会责任感、创新精神和实践能力。

2016 年 11 月，教育部等 11 部门联合发布了《关于推进中小学生研学旅行的意见》(简称《意见》)。《意见》明确指出，中小学生研学旅行是由教育部门和学校有计划地组织安排，通过集体旅行、集中食宿的方式开展的研究性学习和旅行体验相结合的校外教育活动，要求各中小学要结合当地实际，把研学旅行纳入学校教育教学计划，与综合实践活动课程统筹考虑，促进研学旅行和学校课程有机融合。研学旅行是继综合实践活动课程之后，教育部在基础教育课程改革中落实立德树人根本任务、培养学生核心素养的又一实践育人途径。

2017 年 9 月 25 日，教育部印发《中小学综合实践活动课程指导纲要》，明确把"研学旅行"纳入综合实践活动课程。回顾前期的课程实践经验，我们认为，在课程推进过程中，不应该只把研学旅行局限为综合实践活动的一种构成方式，其本身还可以成为课程实施的平台，为社会服务、设计制作、职业体验等领域拓展丰富的课程资源。

2003年实施新课改以来，秦皇岛市教育局高度重视综合实践活动课程的实施工作，先后出台多个专项指导意见，开展规范且系列化的培训、交流、评比、展示等活动。区域课程开发、实施、管理的整体水平较高，多次在省级以上的教研活动中交流课程管理经验。

多年来，区域内很多学校依托当地自然、社会、人文素材，开发了大量的课程资源：有的依托农村特色产业，引导学生走进田间地头，参与生产劳作，了解农业科技，策划特色产业发展规划；有的依托当地的自然风光等旅游资源，了解旅游产业的核心竞争要素，对产业发展进行诊断、评价、推介和优化；有的依托当地的人文资源，通过引导学生关注家乡文化底蕴、发掘人文内涵及传统文化项目，涵育学生的家国情怀。

秦皇岛市自然禀赋优越，自然景观类型丰富，自然环境优美，加之历史悠久，文化遗存众多，旅游资源丰富、种类齐全、特色突出，经过多年开发建设，形成了以长城、滨海、生态为主要特色的旅游产品体系。全市A级旅游景区有40多个，为研学实践教育提供了丰富的基地资源。基于丰富的自然资源和发达的交通条件，农业生产类型多样、品种丰富，工业发展布局合理、门类齐全，为学生开展职业体验、社会实践、考察探究提供了广阔的活动空间。

为了更好地让学生在真实的自然环境中学习，在学习与实践的过程中了解家乡，培养学生热爱家乡的感情，涵育家国情怀，自觉地将个人的发展与国家和民族的前途命运结合起来，让价值体认和使命担当落到实处，秦皇岛市教育局依托区域内的研学基地及相关工业、农业产业资源，开发综合实践活动课程资源意义重大。

　　本系列读本的编写主要依托秦皇岛市中小学综合实践活动名师工作室，娄卫润老师担任工作室主持人。在她的带领下，具有课程管理经验的校长和具有教学实践智慧的教师共同参与编写。他们查阅各种文献，深入研学基地，反复打磨提炼，探索运用考察探究、社会服务、设计制作、职业体验等活动方式，全面提升学生的综合素养。读本具有明显的地域特色，内容载体熟悉，学习情境亲切，能够真正唤起学生的自主探究欲望。读本力求提升研学实践教育的管理水平，为全面育人和全方位育人拓展新的空间。读本力求降低教师的指导难度，提高课程规范化水平，促进全市综合实践活动课程的常态实施。

　　本系列读本记录了秦皇岛市多年来实施综合实践活动课程的实践历程，代表了不同的中小学校对实施综合实践活动课程的整体把握和实践探索。期待涌现更多掌握课程实施规范的教学队伍和教研团队，期待区域课程资源开发走向更高的水平。希望综合实践活动课程在秦皇岛市落地生根，盛开出鲜艳的花朵！

刘文杰

致 同 学 们

亲爱的同学们：

你们好！

我是你们的小伙伴节气娃娃。在《灵动时节——二十四节气探寻之旅》这套书里，我将和你们一起探究二十四节气的奥秘，感受综合实践活动课程的无穷魅力。

二十四节气蕴含着自然界许多神奇的现象和规律，是中华民族宝贵的传统文化遗产。不同的节气，气温有怎样的变化？降水量有什么差异？有哪些独特的物候现象？……在探究二十四节气的过程中，你们一定会感受到我国古代劳动人民细致入微的观察力，也一定会被中华民族勤劳、智慧的品格和悠久、灿烂的文化所深深地折服！

打开这套书，你们可以看到"启思苑""实践场""体验营""活动角""交流园""知识窗""资料库""展示台"等不同的栏目。"启思苑"帮助你们打开探究问题的思路，"实践场""体验营""活动角"是综合运用观察、调查、采访、体验等方法去开展社会实践、社会服务、设计制作、职业体验等活动的平台，"交流园"是你们分享收获、反思不足的园地，"知识窗""资料库"告诉你们许多和节气有关的知识，"展示台"是你们展示成果、交流经验的平台。你们既可以根据实际情况选择感兴趣的活动内容，也可以发挥创造力，根据书中的思路和方法开展更有创意的活动。

　　从现在开始，你们就要踏上二十四节气的探寻之旅了，希望你们在活动中善于思考、勇于实践、敢于探究、乐于分享，成为一名二十四节气的"小达人"、综合实践活动的"小行家"！

你们的小伙伴 节气娃娃

目录

目录

采撷秋天的硕果——立秋

　　送走炎炎夏日，我们迎来了二十四节气中的第十三个节气，秋季的第一个节气——立秋。"立"是开始的意思，立秋表示秋天开始。

　　立秋时节，瓜果飘香，农作物逐渐成熟。让我们开启新的节气之旅，一起采撷秋天的硕果吧！

初　秋

〔唐〕孟浩然

不觉初秋夜渐长，清风习习重凄凉。
炎炎暑退茅斋静，阶下丛莎有露光。

1. 秋来豆归仓

每年公历 8 月 7—9 日，太阳到达黄经 135° 时，开始进入立秋节气。

立秋到来凉风至，田野里面豆飘香。我们一起开展关于黄豆的实践活动吧！

启思苑

关于黄豆，你想了解哪些内容？

我想探究黄豆有哪些用途。

我想了解黄豆的生长习性。

我想知道黄豆怎样收割和脱粒。

……

小组成员共同讨论，制订活动计划。

活动计划是活动实施前的必要准备。制订小组活动计划时，要写清活动过程各个环节的具体内容及时间分配，根据活动实际需要，选择切实可行的活动方法。

＿＿＿＿＿＿小组活动计划		
活动目的	了解黄豆的生长习性、收割方法、用途等。	
活动方法	资料搜集法、访谈法、体验法……	
活动时长	15 天	
活动内容与过程	第一阶段（8 月 7—10 日）	查阅书籍和上网搜集资料，整理黄豆的相关知识。
	第二阶段（8 月 11—15 日）	通过采访，了解黄豆的收割和脱粒方法，并且亲自到豆田里体验收割黄豆。
	第三阶段（8 月 16—20 日）	走进豆腐坊，学习豆腐的制作方法。
	第四阶段（8 月 21—22 日）	整理活动资料，撰写活动总结。
小组成员及分工	组长	
	组员及分工	
预期成果呈现方式	资料卡、电子小报、劳动日记、视频、照片……	
注意事项	1. 采访前，要提前制定采访提纲，作好预约。 2. 活动资料要分类整理，如文本类、视频类、实物类等。	

活动角

从有关书籍和网络中搜集关于黄豆的资料吧！

我将搜集到的资料进行整理，做成了电子小报。

黄豆小记
8月9日
第1期

黄豆的历史

黄豆是大豆的一种，有"豆中之王"之称，原产自中国，有5000年的栽培历史。黄豆古代称"菽"，是重要的粮食作物之一，被列入五谷之中。

黄豆的特点

科属分类：黄豆属于蔷薇目、豆科、大豆属的一年生草本植物。

形态特征：黄豆株高30～90厘米，茎部粗壮、直立，密被褐色长硬毛。叶通常有3枚小叶，托叶呈宽卵形，渐尖，叶柄长2～20厘米。总状花序，通常有5～8朵花，花朵颜色为紫色、淡紫色或白色。荚果肥大，形状呈长圆形，颜色为黄绿色，密被褐黄色长毛。果实中有种子2～5颗，形状为椭圆形、近球形，种皮光滑。

黄豆的生长习性

黄豆为一年生草本植物，喜温暖，生长适温为20～25℃。黄豆对土质要求不高，喜欢生长在疏松、透气、排水好、肥沃的土壤中。

黄豆的用途

黄豆的用途较广，常用来做各种豆制品、榨取豆油、酿造酱油，也可用来提取蛋白质。

小贴士

如何制作电子小报

制作电子小报通常可以选择 Word、PowerPoint 等软件。

电子小报主要包括报头、标题、专栏、文字、花边、插图等元素。

制作电子小报一般分三步。首先，设置版面。根据资料内容，将版面分成几个板块。然后，填充板块。将整理好的文字、图片等素材插入相应板块。最后，进行装饰美化。在电子小报的空白处添上花边点缀，或摘录一些名言警句，使版面更加活泼、美观。

> 我将收集到的资料做成了黄豆生长周期图。

1. 出苗期

2. 幼苗期

3. 花芽分化期

4. 开花结荚期

5. 鼓粒期

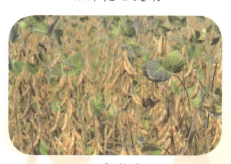

6. 成熟期

我将搜集到的黄豆的用途做成了思维导图。

你搜集到了哪些资料？用喜欢的方式展示出来吧！

初步认识了黄豆，我们再去请教豆农，了解它的收获方法吧！

_____小组采访记录			
时间		地点	
采访人		被采访人	
采访目的			
采访分工			
采访内容	1. 黄豆最适宜在什么时间收割？ 2. 收割黄豆主要用什么工具？ 3. 怎样给黄豆脱粒？		
我们的收获			

传统收获方法：通常在大豆叶片全部脱落后，午前选择植株含水量高、不易炸荚时，用镰刀将豆秸割倒。

传统脱粒方法：将豆秸晒干，再用连枷等工具脱粒。使用连枷时，上下挥动长柄，让敲板绕轴转动，敲打豆秸，使豆荚脱落。

现代脱粒方法：使用现代收割脱粒一体机，一次性完成脱荚、农料输送、豆荚清选、收集等作业。

实践场

收获了黄豆，我们来制作传统食品——豆腐吧！

小贴士

准备材料：黄豆、清水、内酯、石磨或磨豆机（豆浆机）、纱布等。

内酯全称为葡糖酸内酯，为白色结晶或结晶性粉末，无色无味，是一种多功能食品添加剂。做豆腐时，需掌握好内酯和水的比例，通常每3克内酯需加入30毫升温水。

1. 清洗、浸泡。将黄豆清洗后，再用清水浸泡5小时左右。

2. 磨浆、过滤。把泡好的黄豆按照1：8的比例加水，用石磨或豆浆机磨成豆糊，然后用纱布过滤，充分提取豆浆。

3. 煮浆、冷却。先用中火煮豆浆，边煮边撇去浮沫，待中间部分沸腾 3 分钟左右，停火冷却 5 分钟。

4. 点酯、凝结。小火将豆浆升温至 85～90℃，将内酯加水溶解倒入豆浆中，轻轻搅动，静置结块。

我做的豆腐

交流园

参加了关于黄豆的实践活动，你有哪些收获？

我了解到黄豆营养非常丰富，能做成各种豆制品。

点豆腐除了用内酯，还可以用盐卤、石膏卤。

我学会了用镰刀收割豆子。

······

2. 中伏种菜忙

立秋日通常处于中伏期间。"头伏萝卜二伏菜。"立秋之后的三五天是种白菜的好时机,让我们一起学习怎样种白菜吧!

种白菜需要作哪些准备?讨论一下吧!

了解白菜的生长习性。

知道种白菜的步骤。

准备好种子和工具。

······

通过调查、采访、查阅资料等方式,了解白菜的相关知识。

白菜,古时称"菘",春秋战国时期已有栽培,最早得名于汉代,南北朝时是中国南方最常食用的蔬菜之一。白菜有"菜中之王"的美名,民间俗称"百姓之菜"。

白菜比较耐寒,喜欢冷凉气候,适宜在平均气温 18 ～ 20℃和阳光充足的条件下生长,不宜栽植在排水不良的黏土地上。

你搜集到了什么？展示一下吧！

白菜

"头伏萝卜二伏菜"是关于农作物种植时期的谚语。意思是夏季进入伏天的时候，在头伏（从夏至开始后十天）适合种植萝卜（青萝卜、白萝卜等）；二伏（头伏之后十天）是种植白菜、青菜等的最佳时期。

体验营

一起走进农田，去采访农民伯伯吧！

种白菜主要用到的农具有刮耙、钉耙、镐，如果面积较大，还会用到犁。

刮耙（guā pá）：主要用于聚拢谷物或平整土地，常用于碎土。

钉耙：常用于碎土、平整土地和消灭杂草，是传统的碎土工具。

镐（gǎo）：主要用于刨土，特别是菜园和小块田地的刨坑和叠垄。

种白菜主要用镐。用镐刨地时，身体前倾，两手一前一后握住手柄，把镐头高举过头顶，朝着地面刨下来，前面的手用力抬起，后面的手摁住手柄的尾端。

在农民伯伯的指导下，一起种白菜。

1. 翻地。用镐将土壤深翻20～30厘米，用钉耙把土块敲碎，均匀地泼洒农家肥。

2. 打垄。用镐刨出宽约30厘米、高约15厘米的垄，用钉耙抚平垄面，在上面刨出2～3厘米深的菜沟。

3. 播种。将白菜种子均匀地播撒在菜沟内。

4. 盖垄。用钉耙在菜沟上均匀地覆盖一层薄土。

写下我们的劳动日记。

小贴士

劳动日记的写法

1. 基本信息。写清年、月、日、星期几和天气情况。

2. 标题。通常写在首行中间，也可以不写。

3. 正文。具体记述当日的劳动内容、劳动过程和劳动成果，例如遇到了什么困难和问题，是如何解决的，有哪些收获等。

4. 结尾。写出劳动的心得感受，例如掌握了什么方法，学会使用了某种工具，提升了某种能力等。

年　　月　　日　　星期　　天气

_____

_____

_____

_____

_____

_____

_____

活动角

白菜幼苗长出来了！

仔细观察幼苗，你发现了什么？

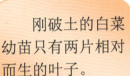

刚破土的白菜幼苗只有两片相对而生的叶子。

播种7～8天后，又长出具有清晰叶脉的叶子。

……

刚长出的叶子为子叶，为种子萌发提供营养。后长出来的叶子为真叶，通过进行光合作用为白菜的生长提供营养。真叶长出后，子叶逐渐萎缩，失去作用。

上网查阅资料，结合观察到的现象，描述子叶和真叶的特点。

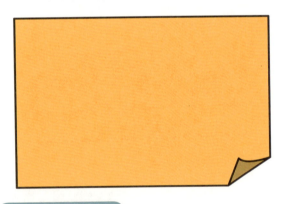

知识窗

子叶为暂时性的叶性器官，是被子植物的种子在形成胚时就具有的一部分，长在幼苗最靠近根的部位，一般比较肥厚。真叶是被子植物真正意义上的叶子，最初长在植物的顶端，比较幼嫩，称为心叶，以后逐渐长成真叶。

根据种子胚中子叶的数目，被子植物分为单子叶植物和双子叶植物。成熟胚只有一片子叶的称为单子叶植物，如小麦、玉米、水稻等；有两片子叶的称为双子叶植物，如白菜、黄瓜、大豆等。

幼苗长出后，应及时间（jiàn）苗。间苗又称疏苗，通过留壮苗去弱苗、留大苗去小苗、留健苗去病苗的方法，拔除一部分幼苗，为白菜提供足够的生长空间和营养面积。

白菜苗期一般为 25 天左右，通常需要 3 次间苗。

白菜一天天长大啦！用相机记录我们的劳动成果吧！

交流园

和大家交流一下收获吧！

我知道了白菜是双子叶植物。

看着白菜一天天长大，我特别开心！

我学会了种白菜，还学会了给白菜间苗。

……

3. 农田访昆虫

立秋时节，庄稼逐渐成熟，田间各类昆虫活跃，对农作物的生长有很大影响。

立秋有三候：一候凉风至，二候白露生，三候寒蝉鸣。大暑时，我们认识了蝉，那么立秋时节的蝉对农作物的生长有哪些影响呢？

先来制订研究计划吧！

_____小组研究计划	
研究主题	
研究目的	
研究方法	资料搜集法、访谈法、观察法……
研究步骤	1.上网查询资料，阅读相关书籍，了解立秋时节活跃的蝉的种类。 2.采访农民，实地观察，深入了解本地区常见的蝉对农作物的影响。 ……
成员分工	
预期成果	

通过调查与研究，你搜集到了哪些信息？一起来交流吧！

水稻叶蝉

水稻叶蝉的成虫和若虫刺吸水稻茎秆、叶片汁液，严重可致稻株枯死或出现"黑穗""白穗"现象，还能传播水稻普通矮缩病、黄矮病等。

大青叶蝉

大青叶蝉的成虫和若虫刺吸玉米、高粱、稻、麦、豆类、蔬菜、果树等茎叶、枝梢的汁液，它可以使植物的叶、茎褪色、畸形、坏死或者枯萎，还可传染病毒。

……

像蝉这种对人类生产和生活有害的昆虫称为害虫，常见的有蚜虫、蝗虫、白蚁、天牛等。相反，对人类生产和生活以及对其他生物有益的昆虫称为益虫，常见的有七星瓢虫、螳螂、蜜蜂等。

益虫和害虫是相对而言的，有的益虫对农作物有害，有的害虫对维持生态平衡具有重要意义，还有的害虫有很高的食用价值和药用价值。

实践场

除了蝉，农田里还有很多昆虫会影响农作物的生长，继续开展研究吧！

通过上网搜索、查阅书籍、采访农民、实地观察等方式，我们了解到常见的昆虫会对农作物产生不同的影响，总结一下吧！

立秋时节农田常见昆虫调查汇总表

	益虫	害虫
名称	七星瓢虫	蝗虫
图片		
活动场所	玉米田、黄豆田、白菜地……	玉米田、高粱田、稻田、草地……
对农作物的影响	捕食各种蚜虫、蚧壳虫等害虫，可大大减少农作物遭受害虫的侵害，被人们称为"活农药"。	咬食植物叶片，严重时可将大面积植物的叶片食光，造成农林牧业重大的经济损失。

为了提高农业产量，我们要保护益虫，更要科学防治害虫。

知识窗

农田防治害虫的主要方式

农田防治害虫主要有三种方式：

1. 化学防治。将农药喷洒在农作物上，达到防治害虫的目的。这种方法简单、见效快，但会污染环境，危害人的健康。

2. 物理防治。利用昆虫的趋味性、趋光性、趋色性，通过人工或简单的工具诱杀害虫，可有效避免化学污染，防治效果好，但是效率低。

3. 生物防治。利用一种生物防治另外一种生物，可分为以虫治虫、以鸟治虫和以菌治虫三大类。此方法危害性小，但不易操作。

实践场

物理防治害虫的方法既环保又健康。我们采用物理防治法做一个捕虫器吧！

准备材料：白糖、醋、啤酒、塑料瓶、剪刀、绳子。

1. 增大容器口径。糖醋液挥发出的气味更易于诱引捕捉害虫。
2. 改变瓶体颜色。利用色彩鲜艳的瓶子来诱引害虫，可以达到双重效果。

1. 用剪刀将塑料瓶的上半部剪开。

2. 将适量的白糖、醋、啤酒放入塑料瓶内，搅拌均匀。

3. 将塑料瓶的上半部分倒扣在瓶上，用绳子固定。

将捕虫器挂在害虫多的地方。

我们尝试制作不同的捕虫器吧！

交流园

在这次活动中，你有哪些收获？一起交流一下吧！

我认识了农田里的很多昆虫，它们对农作物的生长影响很大。

我们一定要保护益虫，科学防治害虫。

物理防治害虫的方法不污染环境，值得提倡和推广。

……

4. 收获与反思

丰富多彩的立秋实践活动结束了，你们有什么收获？想通过什么方式展示活动成果？

我们小组想亲手制作豆腐，请老师和同学们品尝。

我们小组要和大家分享防治农田害虫的好方法。

我们小组想制作电子相册，向大家介绍白菜的生长过程。

……

展示你们的成果吧！

围绕立秋节气，你还有哪些新想法？

作个自我评价吧!

内容	我的表现	★★★★★
是否完成了小组活动方案中的预定任务		
最难忘的经历或感受是什么		
活动中最成功最开心的事情是什么		
活动过程中遇到了哪些困难,是如何解决的		
参加此次活动的最大收获是什么		
……		

将立秋时节的实践感悟记录下来,与大家一起分享吧!

清风穿越蝉鸣,暑气渐消秋意浓。送走立秋,让我们迎着阵阵秋风,继续探究下一个节气——处暑的奥秘吧!

采撷秋天的硕果——处暑

　　处（chǔ）暑是二十四节气中的第十四个节气，秋季的第二个节气。处暑，即"出暑"，有炎热离开之意。此时，天气由炎热向凉爽过渡。

　　在这天气渐凉的时节，让我们一起感受大自然的馈赠吧！

咏廿四气诗·处暑七月中

〔唐〕元　稹

向来鹰祭鸟，渐觉白藏深。
叶下空惊吹，天高不见心。
气收禾黍熟，风静草虫吟。
缓酌樽中酒，容调膝上琴。

处暑

1. 暑去秋来识玉米

处暑，通常在每年公历 8 月 22—24 日交节，此时太阳到达黄经 150°。处暑时节，玉米开始成熟。

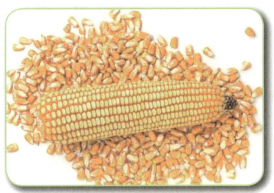

知识窗

处暑有三候：一候鹰乃祭鸟，二候天地始肃，三候禾乃登。处暑节气，老鹰开始大量捕猎鸟类，天地间万物开始凋零，农作物成熟。"禾乃登"的"禾"指的是黍、稷、稻、粱类农作物的总称，"登"即"成熟"的意思。

启思苑

关于玉米，你想了解什么？

> 玉米花是什么样的？

> 吃玉米时，掉出来的黄色"小芽"是什么？

> 玉米有哪些用途？

小组合作，一起制订研究计划吧！

关于玉米的研究计划	
研究目标	了解玉米的花、种子及玉米的用途。
小组分工	
研究方法	资料搜集、观察、采访、实验……
研究过程	1. 到玉米田实地观察玉米花。 2. 采访农业技术人员。 ……
成果形式	照片、观察日记、记录表……

制订了计划，行动起来吧！

活动角

上网查阅有关玉米花的资料。

玉米是雌雄同株的植物，玉米花分雌花和雄花。

雄花

雌花

我们到玉米田里去看一看吧！

实地观察玉米花，请教农业技术人员，了解雄花、雌花的结构。

花丝

花药

玉米雄花结构图

柱头、花柱

子房（发育为玉米粒）

玉米雌花结构图

你对玉米花有了哪些认识？用喜欢的方式呈现出来吧！

玉米花是怎么授粉形成果实的？我们请教农业技术人员寻求答案。

玉米雄花的花粉借助风力传播到雌花上，完成授粉，形成果实。这种依靠风力传播花粉的花，叫作风媒花。

在自然界中，植物除了依靠风力传播花粉，还可以依靠昆虫、水等媒介。把了解到的内容记录下来吧！

依靠风力传粉的植物及特点
植物：杨树、柳树、核桃、玉米、小麦、水稻……
特点：小而不鲜艳，没有香味和蜜腺，产生的花粉数量多，干燥而轻。

依靠昆虫传粉的植物及特点

依靠_____传粉的植物及特点

实践场

授粉后，一般经过 35 ～ 45 天，玉米果实就成熟了。玉米果实的结构是怎样的呢？

通过认真观察，结合上网搜集资料，我们制作了玉米果实结构图。

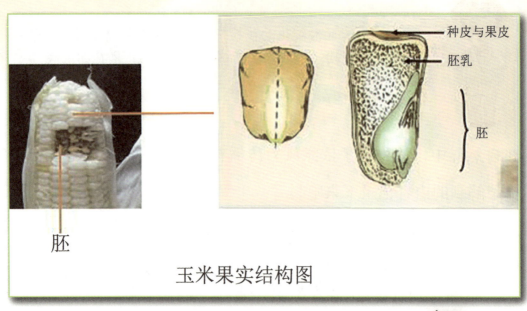

种皮与果皮

胚乳

胚

胚

玉米果实结构图

原来我们吃玉米时掉出来的黄色"小芽"是玉米的胚。

玉米果实的主要成分是什么？请教科学老师吧！

玉米的主要成分是淀粉，淀粉遇碘液会变色，我们可以通过实验来验证。

1.用刀片将泡好的玉米粒从中央纵向剖开。

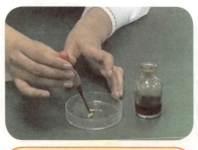

2.在玉米粒剖面上滴加稀碘液，静置观察。

3.玉米粒剖面变成蓝色。

其他的粮食作物是否也含有淀粉？用同样的方法检测并记录下来。

体验营

除了食用，玉米还有很多用途，查阅资料了解一下吧！

玉米叶：

玉米须：

玉米秸秆：

玉米皮：

玉米粒：

看到下面这些精美的手工艺品，你能想象到它们都是用玉米材料制作的吗？

利用玉米材料，我们也来设计一个工艺品或用具吧！

我想设计的作品：

我的作品照片：

通过这段时间的活动，你有哪些收获？

玉米、水稻、小麦等粮食作物的主要成分是淀粉。

玉米浑身是宝，如果能合理开发，会大大提高它的利用价值。

我知道了玉米是雌雄同株的植物，依靠风力传播花粉。

......

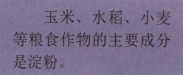

玉米秸秆好处多

　　每到秋冬季，农村大量的玉米秸秆被焚烧或堆积腐烂，既造成了资源浪费，又污染了环境，也给农作物病虫害越冬提供了条件。其实，玉米秸秆的用处有很多。

　　1. 发展养牛业。玉米秸秆含有糖、氨基酸等营养成分，可作为养牛业氨化饲料的原料。

　　2. 栽培食用菌。将菌种植入发酵后的玉米秸秆，可繁育出优质食用菌。

　　3. 作为工业原料。玉米秸秆属纤维类植物，可作为造纸、板材加工等工业原料。

　　4. 生产沼气。玉米秸秆为碳水有机物，经过密封沤制，可产生沼气充当燃料，节约开支。

　　5. 用作土壤肥料。将玉米秸秆粉碎后翻耕还田，能够增加土壤的有机质，提高地力。

2.处暑时节话海鲜

进入处暑，渤海地区结束伏季休渔，渔民开始出海捕捞，海鲜大量上市。让我们一起感受开海的快乐吧！

启思苑

开海时节，大家想了解什么呢？

什么是伏季休渔？伏季休渔有什么作用？

家乡常见的海鲜种类有哪些？

……

活动角

什么是伏季休渔？我们一起走进秦皇岛市海洋和渔业局山海关分局去采访工作人员。

采访结束了，把收获记录下来吧！

采访记录表	
采访时间	
采访地点	
采访人员	
采访内容	1. 什么是伏季休渔？ 2. 伏季休渔什么时候开始？什么时候结束？ ……
我们的收获	

我了解到，伏季休渔是经国家有关部门批准、由渔业行政主管部门组织实施的保护渔业资源的一种制度。

渤海地区休渔时间是每年的 5 月 1 日 12 时至 9 月 1 日 12 时。

休渔期过后，海鲜大量上市。走进海鲜市场，了解家乡常见的海鲜种类吧！

我们发现家乡的海鲜种类非常丰富，大体可分为鱼、虾、蟹、贝、螺……下面是我们调查到的鱼和虾的种类。

带鱼　鲅鱼　黑鲈鱼　鱼　黑头鱼　……　黄花鱼

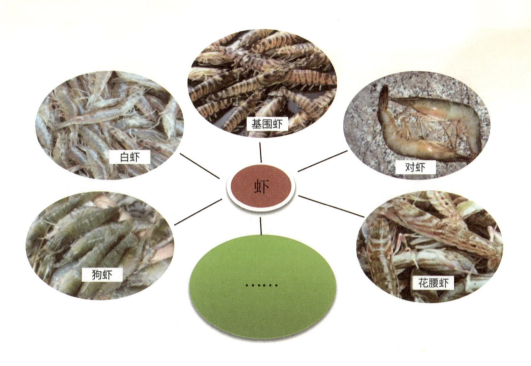

用喜欢的方式记录调查结果吧！

伏季休渔让我们吃到了品类丰富的海鲜，真是太好了。

伏季休渔避免了过度捕捞，使海洋生物得到休养生息。

让我们多宣传伏季休渔吧！

体验营

伏季休渔结束后，一起去体验赶海的乐趣吧！首先上网查询潮汐表，确定赶海时间。

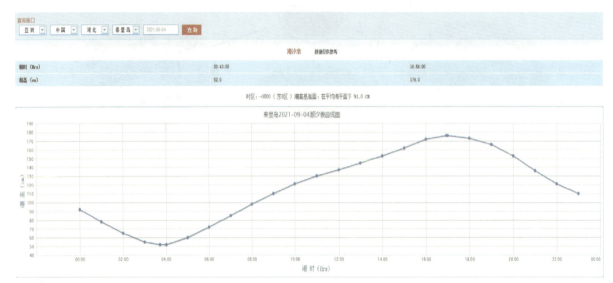

（来源于中国海事服务网）

> 从图中可以看出，2021年9月4日这天，潮水达到最低点的时间是凌晨3：43，之后开始上涨。如果去赶海，一定要比潮水最低点的时间提前一个小时到达赶海地点。

选择适宜的时间，准备好工具，去赶海吧！

把有趣的经历记录下来吧！

赶海时，我们不仅收获了海鲜，还捡拾了许多塑料垃圾。

塑料自然分解的速度很慢，往往需要几百年，甚至上千年。塑料垃圾流入海洋后，会造成塑料污染，导致鲸类、海龟等海洋生物和鸟类因误食而丧命。

知识窗

形形色色的塑料制品在生活中广泛应用，但废弃塑料降解缓慢，会严重污染土壤。如果采取焚烧这一处理方式，会产生有害烟尘和有毒气体，污染环境。为解决塑料污染问题，科学技术人员研制了可降解塑料。

可降解塑料，又称可环境降解塑料，是指在生产过程中加入一定量的添加剂，使其稳定性下降，比较容易在自然环境中降解的塑料。目前可降解塑料主要有四类：光／生物降解塑料、生物降解塑料、水降解塑料、光降解塑料。

减少海洋污染，我们可以做些什么呢？写出你的想法吧！

交流园

在这次活动中，你有哪些收获？一起交流一下吧！

家乡的海鲜种类真丰富，我要多宣传家乡的海产品。

我学会了查询潮汐表，还体验了赶海的乐趣。

伏季休渔是为了更好地保护渔业资源。

保护海洋环境是每个人的责任。

3. 暑气渐退探葡萄

处暑到，葡萄俏，一串一串藤上吊，又酸又甜味道好。在这暑气渐退的时节，让我们一起走近葡萄吧！

启思苑

又是一年葡萄熟。关于葡萄，你想了解什么？

除了食用，葡萄还有其他用途吗？

家乡的葡萄有哪些品种？

……

知识窗

我国葡萄的历史

我国有关葡萄的文字记载最早见于《诗经》。早在殷商时代，我国劳动人民就已经知道采集并食用各种野葡萄了，但由于当时的栽培技术落后，葡萄并没有得到广泛种植。直到西汉时期，随着张骞出使西域开通丝绸之路，葡萄从中亚引进我国，受到了人们的喜爱，葡萄的种植也自西向东逐步推广发展。

活动角

一起走进葡萄园，了解家乡葡萄的品种吧！

"葡萄小调查"活动计划表	
调查目的	了解家乡葡萄的品种、特点及主要用途。
小组分工	
调查方法	访问调查法、实地观察法
调查准备	1. 提前预约果农。 2. 设计采访内容。 3. 准备笔、手机、相机等工具。
注意事项	

制订好计划，开始调查吧！

通过调查活动，我们了解到葡萄按用途可分为食用葡萄和酿酒葡萄。

食用葡萄颗粒相对较大，果皮较薄，果肉汁水多，口感好。下面这些都是食用葡萄。

| 玫瑰香 | 小蜜蜂 | 红提 | 美人指 |

与食用葡萄相比，酿酒葡萄颗粒较小，表皮较厚，果肉和汁水较少。下面四种葡萄都是酿酒葡萄。

| 赤霞珠 | 品丽珠 | 蛇龙珠 | 霞多丽 |

你还认识哪些葡萄？介绍一下吧！

家乡的葡萄品种真多啊！一起为它们制作小名片吧！

这是我们小组做的名片，大家觉得怎么样？

巨峰葡萄

果实形态：椭圆形，紫黑色，果粉厚，粒大，果皮较厚。

果实口感：果肉多汁，味酸甜，有草莓香味。

主要用途：食用。

赤霞珠葡萄

果实形态：圆形，颜色深，粒小皮厚。

果实口感：酸度适中，有黑樱桃味

主要用途：酿酒

酿酒葡萄是怎样酿成葡萄酒的？走进葡萄酒厂了解一下吧！

1. 除梗破碎。选择新鲜无腐坏且成熟度良好的酿酒葡萄进行除梗破碎，形成葡萄果浆。

2. 发酵培养。将果浆传送至发酵罐，添加酵母、果胶酶和二氧化硫等，对葡萄果浆进行发酵和除菌。

3. 压榨。通过机械压力将葡萄原酒压榨出来。

4. 冷却处理。通过实验室对比，观测澄清度，对葡萄原酒进行冷却处理，提高澄清度。

5. 橡木桶陈酿。将冷却的葡萄原酒转移到橡木桶中进行陈酿，使葡萄酒更柔和温润，色素物质更稳定。

6. 装瓶。将陈酿后的葡萄酒移至灌装车间，进行灌装、压帽、喷码、贴签处理。

写下参观日记吧！

年　月　日　星期　　天气

葡萄酒发酵原理
　　发酵是葡萄酒酿造过程中的主要步骤。葡萄压碎后产生大量的葡萄汁，其中的葡萄糖与葡萄皮上的天然酵母混合，酵母菌分解葡萄糖，产生酒精和二氧化碳，葡萄汁转化为葡萄酒。因此，酿酒葡萄中的糖分越高，葡萄酒的酒精含量也会越高。

交流园

活动结束了，你们有哪些收获？说一说吧！

我认识了很多品种的葡萄，了解到葡萄有食用葡萄和酿酒葡萄之分。

我参观了葡萄酒厂，了解了葡萄酒的酿制过程。

我知道了葡萄不仅可以食用、酿酒，还有很多其他用途。

资料库

葡萄的多种用途

食用好处多
　　葡萄不仅味美可口，而且葡萄中的多种果酸有助于消化，能健脾胃。葡萄中含有多种矿物质及维生素（如 B1、B2、B6、C、P 等），还含有多种人体所需的氨基酸，常食葡萄对缓解神经衰弱、疲劳过度，预防心脑血管病大有裨益。

其他用途
　　葡萄籽可以制成保健品，榨葡萄籽油，制成抗氧化防衰老的护肤品；葡萄皮含有色素，是染色的绝佳品；葡萄皮和葡萄叶也可以制肥。

葡萄干　葡萄果冻　葡萄汁　葡萄果酱　　干白葡萄酒 干红葡萄酒

酿酒味道美
　　葡萄酒有淡淡的水果清香、轻微涩感，入口不乏浓郁的酒香。按照颜色可分为白葡萄酒、红葡萄酒、桃红葡萄酒，按照含糖量可分为干型（含糖量小于或等于4g/L）、半干型（含糖量一般为 4～12g/L）、半甜型（含糖量一般为 12～45g/L）、甜型（含糖量超过 45g/L）。

4. 收获与反思

处暑时节的实践活动结束了，讨论一下，用不同的方式展示活动成果吧！

我们想举办一次玉米材料手工艺作品展。

我们想举办推介会，推广家乡的海鲜和葡萄。

......

在活动中，相信你有很多收获与感想，用笔记录下来吧！

反思与评价	
活动中我的表现	
遇到的问题与解决的方法	
我在这些方面进步最大	
我在这些方面还需要提高	
我得到了小组成员的这些帮助	

时至处暑，天地间渐渐呈现出成熟之美。秋意初至，凉爽渐来，让我们怀着对丰收的期待，迎接白露的到来。

采撷秋天的硕果——白露

　　处暑过后，我们迎来了一个诗意而又灵动的节气——白露。白露是二十四节气中的第十五个节气，秋季的第三个节气。

　　白露时节，天气逐渐转凉，寒生露凝，露珠在清晨阳光的照射下晶莹剔透、洁白无瑕，因而得名"白露"。让我们相约走进白露，去感受它的诗情画意吧！

白露

白　露

左河水

衰荷滚玉闪晶光，一夜西风一夜凉。
雁阵声声蚊欲静，枣红点点桂流香。

1. 秋凉气爽白露降

白露，通常在每年公历 9 月 7—9 日交节，此时太阳到达黄经 165°。白露时节，天气由闷热转向凉爽，昼夜温差增大，开始出现一种特有的自然现象——露。

启思苑

关于露，你想了解什么？

在什么时间、什么地点能看到露？

露是怎样形成的？

关于露的诗词有哪些？

带着想要研究的问题，行动起来吧！

实践场

走进大自然，寻找露的身影，把它记录下来。

小贴士

选择同一地点不同时间段（早晨 7—9 时，中午 12—14 时，夜晚 18—20 时）去观察。

关于露的观察记录表			
观察地点		观察人	
观察工具	手表、照相机、温度计		
观察时间	室外温度	有露或无露	露附着的物体

连续观察几天，分享一下观察结果吧！

我们在靠近地面的花草树木上观察到了露。

清晨、傍晚、夜间能看到露，而中午看不到。

白露时节，昼夜温差较大。

在科学老师的指导下进行模拟实验吧！

小贴士

温度计的正确使用方法

1.温度计的玻璃泡应全部浸入被测液体中，不要碰到容器底或容器壁。

2.待温度计的示数稳定后再读数，视线与温度计中液柱的下表面相平。

1.准备外壁干燥的不锈钢杯子、碎冰块、冷水、温度计，先读出温度计所示温度。

2.将碎冰块放入不锈钢杯子中，再倒入冷水，没过碎冰块。

3.测量冰水混合物的温度。

4.不锈钢杯子外壁出现小水珠。

50

不锈钢杯子外壁为什么会出现小水珠？讨论一下吧！

因为不锈钢杯子周围的空气中含有水蒸气。

冰水混合物使不锈钢杯中的温度降低了，空气中的水蒸气遇到冰凉的不锈钢杯子外壁就凝结成了小水珠。

露的形成和不锈钢杯子外壁小水珠的出现原理是相同的。白天室外温度较高，傍晚或夜间温度较低，空气中的水蒸气与近地面冰冷的物体（花、草、叶片等）接触后，凝结成小水珠，这就是露。

水蒸气遇冷变成小水珠的现象叫作液化。

在自然界中，露的形成是水的液化现象。在生活中，从冰箱里刚取出的啤酒瓶外壁出现小水珠，这也是水的液化现象。生活中还有哪些类似现象？

生活中的液化现象

活动角

露是自然界中水的化身，既蕴含科学，又饱含诗意。从古至今，许多诗人把露作为写景抒情的对象，留下了脍炙人口的千古名作。

蒹 葭

蒹葭苍苍，白露为霜。所谓伊人，在水一方。
溯洄从之，道阻且长。溯游从之，宛在水中央。

月夜忆舍弟

〔唐〕杜 甫

戍鼓断人行，边秋一雁声。露从今夜白，月是故乡明。
有弟皆分散，无家问死生。寄书长不达，况乃未休兵。

搜集带有"露"的诗词，展示一下吧！

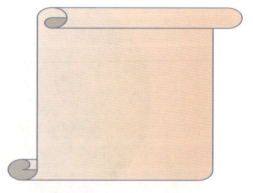

诗词中的"露"是如此诗意而美好，我们把诗词改写成剧本，一起表演吧！

剧本是戏剧艺术创作的文本基础，是编导与演员演出的依据。它是以代言体方式为主，表现故事情节的文学样式。

52

带有"露"的诗词有很多，我们选择哪一首进行改写呢？怎样选择呢？讨论一下吧！

有一定故事情节的诗词更适合改写成剧本，表演的时候更吸引人，改写也会更容易一些。

可以先了解一下诗词的创作背景和诗意，然后再进行选择。

诗词确定之后，我们需要大胆地展开想象，根据诗意构思故事情节，把它改写成一个小故事。

接下来，就可以着手写剧本了。动笔之前，先来了解一下剧本的结构吧！

剧本主要由剧中人物的对话、旁白、独白和舞台指示组成。舞台指示包括对剧情发生的时间、地点的交代，对剧中人物的形象特征、形体动作及内心活动的描述，对场景、气氛的说明，以及对布景、灯光、音响效果等方面的要求。

月夜忆舍弟

时间: 白露时清冷的月夜

地点: 泰州城

人物: 诗人杜甫、巡逻的军士、杜甫的幼弟杜占

旁白 夜已渐深,城楼上戍守的士兵刚刚敲响了更鼓,远远传来一声孤雁的鸣叫。

杜甫 (独自伫立街头,望着天边的月亮,一声长叹) 今天已是白露,也不知道二弟三弟现在过得怎么样了!

军士 (远远朝杜甫走来,边走边喊) 喂!你是干什么的?宵禁了,赶快回家!

杜甫 是,军爷。(朝住所的方向转身离开)

(等候多时的杜占见兄长回来,急忙迎上前来)……

> 读读画红线的舞台指示和画蓝线的旁白、独白和对话,是不是对你们的改写有所启发?

了解了剧本的写法,开始创作你们的剧本并表演吧!

展示一下你们的剧本或表演的照片。

交流园

在关于露的实践活动中，你们有哪些收获和感想？分享一下。

通过模拟实验，我知道了露形成的原因。

我积累了很多有关露的诗词，还编排了诗词情景剧。

……

资料库

古诗词中"露"的含义

古诗词中，一般用"露"表达三种含义：

1. 寓意高洁的人格

《庄子·逍遥游》中有这样一句话："藐姑射之山，有神人居焉。肌肤若冰雪，淖约若处子。不食五谷，吸风饮露，乘云气，御飞龙，而游乎四海之外。"从此以后，庄子笔下神人饮露的形象成为一个重要的品德意象，文人士子在古诗词中也常用"饮露""露"来比喻品德高洁的人。

2. 表达思乡之情

一年中，秋季最为萧瑟和凄凉。秋季有中秋节，是团圆的季节，也是农忙的季节，文人往往用"露"来表达思乡之情。

3. 感叹时光与生命的流逝

露虽闪亮透明、圆润如玉，但生命很短、转瞬即逝，再加上将露与草木摇落、百草皆衰的秋季结合在一起，也暗含着生命的流逝。

隐藏在中华古诗词中的小小露珠，晶莹剔透，闪耀千年，令人回味悠长。节气与诗词交相辉映，成为中华传统文化中美好而动人的元素。

2.白露时节鸟翩跹

古人将白露分为三候：一候鸿雁来，二候玄鸟归，三候群鸟养羞。鸟是自然界可爱的精灵，白露三候都与鸟有关。让我们一起走进鸟的世界，去感受它们的精彩与灵动吧！

启思苑

关于鸟，你想了解哪些内容？

我想知道鸟类的起源和种类。

我想知道鸟为什么会飞。

我想知道候鸟的迁徙路线是怎样的。

活动角

鸟类博物馆里藏着许多关于鸟的知识，走进秦皇岛鸟类博物馆，一起去寻找吧！

为了让秦皇岛鸟类博物馆之旅更有收获，行前准备必不可少。先来关注秦皇岛鸟类博物馆微信公众号，了解基本情况。

秦皇岛鸟类博物馆坐落于北戴河海滨鸽赤路，展陈面积约1650平方米。秦皇岛鸟类博物馆以"分享鸟世界、探索鸟类、记录秦皇岛观鸟历史、与鸟同行、鸟与人类"的故事线展现秦皇岛这一鸟类乐园得天独厚的良好环境，推广鸟类科普知识，倡导人与鸟、与自然和谐共处，是一座集鸟类科学与体验于一体的专题科普博物馆。

鸟类博物馆有哪些展区？分别展示什么内容？把了解到的内容写下来。

"观鸟之都"展区展示秦皇岛候鸟迁徙的内容，我们想了解候鸟的迁徙路线，可以在这里停留1小时，时间充足。

我们想研究鸟的种类和起源，可以先去"探索鸟类"展区，再去其他展区。

……

我们的路线规划要有主次，对于想要研究的问题，可以直奔对应展区进行研究、学习，而对于其他展区可以稍作了解。在时间的安排上，要作好集合、乘车、参观等多个环节的合理分配。

确定了路线和时间，要采用哪些方式进行研究呢？

小贴士

在秦皇岛鸟类博物馆，我们可以采用看展品、听讲解、做游戏、互动体验等方式进行研究，还可以"角色翻转"，以小讲解员的身份向更多的观众讲解关于鸟的知识哦！

一起制订小组活动方案吧！

＿＿＿＿＿＿＿＿小组鸟类博物馆活动方案	
活动任务	
小组成员及分工	
活动准备	
活动路线及时间安排	
活动方式及内容	
安全公约及注意事项	1. 严格按规定时间集合、乘车、参观，服从老师和工作人员的指挥。 2. 小组成员集体行动，不擅自离开同伴单独行动。 3. 自觉遵守秦皇岛鸟类博物馆规章制度，讲究卫生，注意文明礼仪。 4. 爱护展品、设施，不随便触摸展品，不随意拍照。

实践场

作好了准备，我们一起出发吧！

分享一下我们的收获。

我了解到生物学家对于鸟类起源有不同的观点，还知道了鸟的种类非常多。

鸟类的起源

鸟的种类
鸟类可分为三个总目。
平胸总目：包括一类善走而不能飞的鸟，如鸵鸟。
企鹅总目：＿＿＿＿＿＿＿＿＿＿

突胸总目：＿＿＿＿＿＿＿＿＿＿

平胸总目

企鹅总目

突胸总目

关于鸟，你了解到哪些知识？展示一下吧！

鸟为什么会飞？

我知道了很多关于候鸟迁徙的知识：全球主要有八条候鸟迁徙路线，其中有三条经过我国。

特点

候鸟

迁徙原因

分类

每年在繁殖地和越冬地之间进行迁徙，如家燕、大雁等。

一般认为候鸟迁徙源于本能，主要是为了觅食、避寒、繁殖。

候鸟迁徙到繁殖地的，称夏候鸟；迁徙到避寒地的，称冬候鸟。

全球候鸟迁徙路线图

瑞典
英国
罗马尼亚
克罗地亚
希腊
俄罗斯
中国
日本
老挝 越南
柬埔寨
菲律宾
印度尼西亚
哥伦比亚

1 大西洋
2 黑海地中海
3 东非西亚
4 中亚—印度
5 东亚大洋太西亚
6 美洲太平洋
7 美洲密西西比
8 美洲大西洋

从我国经过的三条迁徙路线分别为东非—西亚迁徙线、中亚—印度迁徙线、东亚—澳大利亚迁徙线。每年从我国过境的候鸟种类和数量约占迁徙候鸟的20%～25%。

人们采用环志的方法研究候鸟迁徙动态及规律。鸟环上包含环志的国家、机构、地址和鸟环类型、编号等信息。通过放飞、回收环志鸟，可以了解候鸟迁徙的行踪、年龄以及种群数量等资料。

环志

我们还制作了关注候鸟的美篇，扫码观看吧！

通过参观，你对"观鸟之都"秦皇岛有哪些新的认识？介绍一下吧！

体验营

北戴河是中外闻名的观鸟胜地。走进北戴河湿地，一起去观鸟吧！

"万鸟临海"是北戴河特有的盛况，鹤类、东方白鹳、大鸨等多种珍稀鸟类迁徙都会途经北戴河湿地。

万鸟临海

丹顶鹤

东方白鹳

大鸨

小贴士

观鸟注意事项
1. 用远观的方式（望远镜）观赏，不要近距离打扰鸟。
2. 尊重鸟，不大声喧哗，不追赶和伤害它们。
3. 不随意破坏鸟的栖息地，保护它们的生活空间。
4. 拍摄鸟类时不使用闪光灯，以免惊扰它们。

观鸟归来，结合上网搜集到的资料，绘制自然笔记，展示一下吧！

交流园

在这次活动中，你有哪些收获？一起交流一下吧！

"观鸟之都"秦皇岛是候鸟的乐园，我为家乡感到自豪。

鸟儿是人类的朋友，我们应当保护它们。

我知道了很多关于鸟类的知识。

行动起来，我们一起爱鸟、护鸟！

为鸟儿做窝

担任爱鸟宣传员

放飞救助的小鸟

清理沙滩垃圾

保护鸟儿就是保护人类的未来。只有懂得敬畏生命，遵守自然法则，才能实现人与自然的和谐共生。

3.白露竿起核桃熟

"白露到，竹竿摇，小小核桃满地跑。"正值核桃成熟的季节，我们一起走进核桃园，去探索核桃的奥秘吧！

知识窗

核桃，正式的中文名为"胡桃"，俗称"核桃"，是胡桃科、胡桃属植物，多年生落叶乔木，生于海拔 400～1800 米的山坡及丘陵地带，在我国主要分布于华北、西北、西南、华中、华南和华东地区。核桃是世界上重要的坚果树种，位列"四大干果"之首，是我国重要的经济树种之一。

启思苑

关于核桃，你想了解哪些内容？

我想了解核桃的起源。

核桃的生长环境是怎样的？

核桃有哪些价值和用途？

活动角

行动起来，通过网络和书籍查找关于核桃的资料。

我们交流一下。

看起来普普通通的核桃竟然有这么古老的历史，简直就是"活化石"啊！

核桃树能适应各种环境，生命力顽强，在生态环境保护方面发挥重要的作用。

核桃的起源

核桃起源于新生代第三纪初期和中期，距今约 1200 万～ 4000 万年，对研究古代植物区系的变迁和古地理及第三纪、第四纪气候的变化有重要的科学价值。

1980 年 5 月，河北省文物研究所的工作人员在考察距今约 7000 多年的河北省武安县（今武安市）磁山村原始社会遗址时，发现遗址内存有炭化核桃残壳，证明我国是核桃的起源地之一，推翻了此前我国核桃由张骞从西域带回之说。

核桃树的生长环境

核桃树在我国分布范围比较广泛，适应多种土壤，耐寒、抗旱、抗病能力强，是广大山区、丘陵地区特别是西部地区群众脱贫致富的上佳选择树种，被人们称为"铁杆庄稼"。核桃树根系发达，树冠大，在涵养水源、保持水土、防风固沙、调节气候、降尘减噪等方面发挥重要的作用。

关于核桃的知识，你们了解到了哪些？分享一下吧！

体验营

走进核桃园，体验核桃丰收的喜悦吧！

采收核桃时，要用有弹性的软木杆从内向外将核桃打落，不能乱打，否则会损伤枝芽，影响下一年的核桃产量。

我们的劳动感受

核桃树结的果实为青皮核桃。劳动结束，仔细观察一下青皮核桃。

小贴士

1.剥青皮核桃的时候，一定要戴上胶皮手套，避免把手染黑。

2.去掉青皮后，可以使用核桃夹剥开核桃，注意尽量保持核桃仁的完整。

请教老师，了解青皮核桃的结构和各部分的名称，完成记录表。

青皮、青皮下的肉质和核桃壳合起来构成核桃的果皮。核桃仁是核桃的种子，外面包着褐色的种皮。核桃仁中间的层皮叫木质隔膜，中药名称分心木，具有药用价值。

青皮核桃结构图

青皮核桃观察记录表				
部位	结构	颜色	形态特征	其他
果皮				
种子				

观察核桃仁，对照人的大脑结构图，写下你的发现。

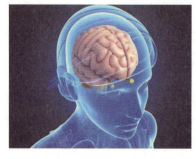
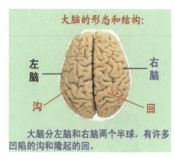

我发现了：

人们常说吃核桃可以补脑。核桃有哪些营养价值呢？

核桃仁含有丰富的磷脂、蛋白质及微量元素等，其中磷脂是大脑的重要组成部分，能够促进大脑发育，改善记忆力。

作为"四大干果"之一，核桃为农民伯伯带来了怎样的收益？采访一下核桃种植农户吧！

采访记录表		
采访人		被采访人
采访内容	1.您种了多少亩核桃？今年收获了多少斤核桃？ 2.一棵核桃树产量大概是多少？ 3.您的核桃销路怎么样？ 4.您能介绍一下今年种植核桃的收益大概是多少吗？ ……	
采访体会		

小小的核桃，大大的收益，种植核桃给农民伯伯带来了实实在在的好处。

活动结束了，你有哪些收获？和小伙伴们分享一下吧！

核桃坚硬的外壳其实是它的内果皮。

我知道核桃是一种营养价值特别高的干果。

核桃历史古老，值得好好研究。

……

资料库

中国有名的核桃

我国很多地区都种植核桃，其中最著名的核桃有新疆阿克苏核桃、浙江临安核桃、陕西黄龙核桃、云南漾濞核桃、云南大姚核桃、河北保定清香核桃、山西核桃等。

1. 新疆阿克苏核桃：具有皮薄、果大等特点。

2. 浙江临安核桃：又叫临安山核桃，粒圆壳薄、果仁饱满、香脆可口，不仅在国内深受喜爱，而且畅销全世界。

3. 陕西黄龙核桃：果型饱满，个大皮薄，仁饱色浅，脆甜可口，香味浓郁。

4. 云南漾濞核桃：果仁大，外壳薄，营养丰富，出油率高。

5. 云南大姚核桃：果大，壳薄，仁白，肉厚，寿命长，产量高，品质稳定。

6. 河北保定清香核桃：清香核桃外皮光滑坚固，颜色较浅，口感醇正，而且非常耐储藏。

7. 山西核桃：果仁饱满，肉质细腻香滑。

从东到西，从南到北，祖国各地都能看到核桃的身影。它们集科学价值、经济价值、生态价值于一体，不挑土壤，不限温度，坚韧不拔，顽强生长，努力结出饱满的果实。

4. 收获与反思

"采撷秋天的硕果——白露"综合实践活动结束了，把活动成果展示给大家吧！

我们小组改编了白露诗词，想举办一次戏剧表演比赛。

我们担任小讲解员，向大家介绍"观鸟之都"秦皇岛。

我们用核桃制作琥珀桃仁，请大家品尝。

回顾、总结活动过程，对你们的表现作出反思和评价。

我的收获与体会	
印象最深的事	
表现最好的同学	
新的想法和建议	
自己评	
同学评	
老师评	
家长评	

滴滴白露汇聚，凝结秋季硕果。让我们继续探讨下一个节气吧！

采撷秋天的硕果——秋分

秋分，是二十四节气中的第十六个节气，秋季的第四个节气。田间的稻谷闪烁金光，树上的果实压弯了树枝，到处一派丰收的景象。

让我们走进秋分，共同感受多姿多彩的收获时节吧！

秋　分

左河水

暑退秋澄气转凉，日光夜色两均长。
银棉金稻千重秀，丹桂黄菊万径香。

1. 秋分常识共探究

每年公历 9 月 22—24 日，太阳到达黄经 180° 时，进入秋分。秋分日，太阳几乎直射地球赤道，有"秋分秋分，昼夜平分"之说。

启思苑

关于秋分节气的自然现象，你想了解哪些呢？

秋分为什么会出现昼夜长短相等的现象呢？

夏至时，物体的影子最短，秋分时的影子有什么变化呢？

……

实践场

网络查询是一种快捷的搜集资料方式。通过网络查询，解决我们的疑问吧！

我们将搜集到的资料做成了电子资料卡。

地 球 自 转

地球是一个不透明的球体，绕自转轴自西向东转动。在任何时刻，太阳只能照亮地球的一半，被太阳照亮的半球是白昼，未被太阳照亮的半球是黑夜。地球不停地自西向东自转，昼夜也就不断更替。

自转轴

地 球 公 转

地球在自转的同时还围绕太阳不停地公转，公转一周的时间是一年。地球在公转时，地轴是倾斜的，且倾斜角度保持不变。

昼 夜 平 分

在春分日和秋分日时，太阳刚好直射赤道，昼夜分界线经过南北两极，将地球平分为两部分，一半处于白天，另一半处于黑夜，所以全球昼夜长短几乎相等。

地轴

北极圈

北回归线

太阳光

赤道

南回归线

南极圈

能不能通过实验了解昼夜平分现象与地球自转、公转、太阳直射位置的关系呢？

一起去找科学老师帮忙吧！

74

在科学老师的指导下认识三球仪。

三球仪又称月地运行仪，由代表太阳、地球和月球的三个小球组成，并有机械联动装置，用以演示三球关系和由此产生的一些天文现象（地球的自转和公转、昼夜和四季的交替等）。

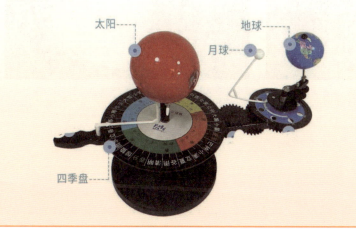

做一做三球仪模拟演示实验。

认真观察实验现象，将结果记录下来吧！

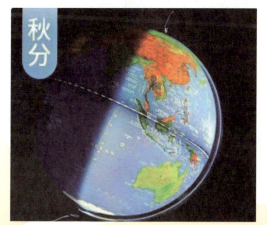

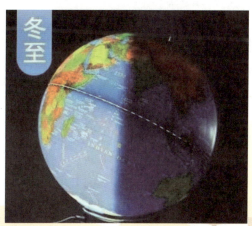

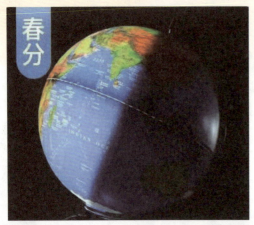

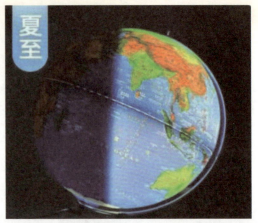

节气	太阳直射点	昼夜情况
秋分	几乎直射赤道	昼夜等长
冬至		
春分		
夏至		

资料库

昼夜长短的变化规律

　　春分到夏至：春分这天，南北半球昼夜平分。春分过后，太阳直射位置渐向北移，南北半球昼夜长短也随之改变，北半球昼长夜短，南半球则与之相反。

　　夏至到秋分：夏至这天，太阳光直射北回归线，是北半球各地白昼最长、黑夜最短的一天。夏至过后，太阳直射点开始从北回归线向南移动，北半球白昼将会逐日变短，南半球则与之相反。

　　秋分到冬至：秋分这天，太阳光几乎直射地球赤道，全球各地昼夜等长。秋分过后，太阳直射点继续由赤道向南半球推移，北半球各地开始昼短夜长，南半球则与之相反。

　　冬至到春分：冬至这天，太阳光直射南回归线，是北半球各地白昼最短、黑夜最长的一天。冬至过后，太阳直射点开始从南回归线向北移动，北半球白昼将会逐日增长，南半球则与之相反。

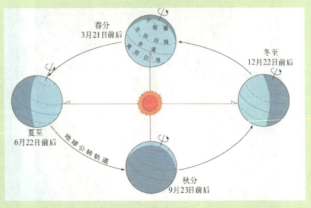

探究了昼夜平分现象产生的原因，再来了解秋分时节物体影子的变化吧。

模仿圭表自制简易日影观测仪，对物体的影子长度进行测量。

圭表，是度量日影长度的一种天文仪器，由"圭"和"表"两个部件组成。这是我们用木板、白纸、橡皮泥、铅笔模仿圭表制作的日影观测仪。直立的铅笔相当于圭表的"表"，用来测量日影长度的直尺相当于圭表的"圭"。

表

圭

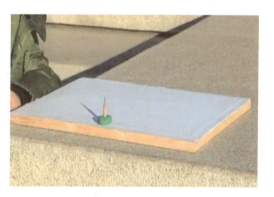

将观测仪放在固定位置，每天中午 12 时在白纸上记录铅笔影子的位置，用尺子测量出影子的长度。

将观测结果记录下来吧！

影子长度观测记录表		
日期	物体长度（厘米）	影子长度（厘米）

根据上面的观测数据，绘制折线图。

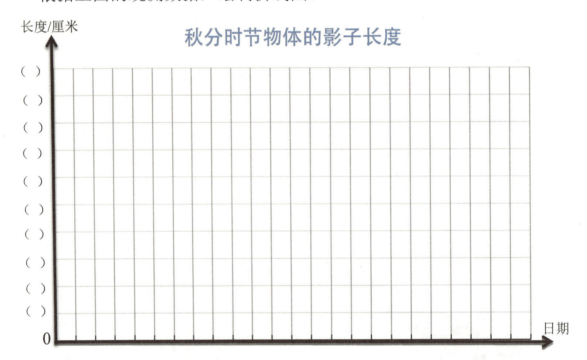

观察折线图，有哪些发现？

秋分物体影子的特殊现象

在秋分日这一天，物体影子会出现特殊的现象。

一是找不到自己的影子。因为太阳直射点不偏不倚地落在赤道上，当你来到赤道线时，就会发现任何物体都找不到自己的影子。

二是物长等于影长。在北纬45°线上，物体的高度和影子一样长，只要测量出影子的长度，就能知道物体的高度。我国位居北纬45°线上的城市有鸡西、七台河、哈尔滨、松原、白城、兴安盟等。

其他节气物长和影长的关系是怎样的呢？用相同的方法进行探究吧！

通过研究，我们对秋分节气有了一定的认识，交流一下自己的收获吧！

在同一时刻，春分、秋分的物长和影长几乎相等。

我知道了"春分秋分，昼夜平分"现象产生的原因。

我学会了制作简单的日影观测仪。

2.中秋月饼巧制作

每年的中秋佳节，家家户户都要吃月饼。品尝自己亲手制作的月饼，会别有一番乐趣。

知识窗

中 秋 节

中秋节，又称祭月节、仲秋节、拜月节、月娘节、月亮节、团圆节等，是我国民间传统节日。

中秋节源自对天象的崇拜，由上古时代秋夕祭月演变而来。最初"祭月节"是在"秋分"这天，由于这一天在农历八月里的日子每年都不同，不一定都有圆月，而祭月无月则是大煞风景的，所以后来就将"祭月节"由"秋分"调至农历的八月十五这一天。

中秋节自古便有祭月、赏月、吃月饼、玩花灯、赏桂花、饮桂花酒等民俗，流传至今，经久不息。人们以月之圆寓意人之团圆，来寄托思念故乡、思念亲人之情，表达祈盼丰收、幸福之意。

中秋节与春节、清明节、端午节并称为我国四大传统节日。2006年5月20日，国务院将其列入首批国家级非物质文化遗产名录。自2008年起，中秋节被列为国家法定节假日。

80

启思苑

"八月十五月正圆，中秋月饼香又甜。"关于月饼，你想了解什么呢？

月饼有哪些种类？

什么口味的月饼最受欢迎？

月饼应该怎样制作呢？

......

活动角

将提出的问题进行归纳，分析哪些问题最有价值，并选取合适的方法去研究。

研究方法	研究的问题
网络搜索	
实地调查	
采访	
......	

整理好想要研究的问题，行动起来吧！

整理活动资料，看看问题解决了吗？与大家一起分享交流吧！

月饼的种类

我国月饼品种繁多，按产地可以分为京式月饼、广式月饼、苏式月饼、台式月饼等。

月饼的制作方法

实践场

月饼品种繁多，制作方法多样。一起动手做一款美味的月饼吧！

制作的时候，一定要参照提供的食材和用量。

材料	用量
中筋面粉	200 克
转化糖浆	140 克
玉米油	50 克
碱水	4 克
馅料	豆沙或五仁 320 克

82

关于碱水的知识

制作月饼时一般都会放入一些碱水，由碱加入水混合后制成。碱水的作用包括：中和转化糖浆中的酸，防止月饼产生酸味而影响口味；控制回油速度，调节饼皮软硬度；增大饼皮碱性，使其易于着色；促进月饼适度膨胀，使月饼既口感疏松又不变形。

在古代没有食用碱的情况下，将草木灰加水煮沸浸泡一日，取上面一层清澈液体而得到的碱性溶液就是碱水。这种方法是现代制碱水方法的基础。

1. 将转化糖浆与碱水搅拌均匀后分次加入玉米油，充分乳化，使液体有光泽，提起刮刀呈线状滴落。

2. 分次酌情加入面粉，和成软硬适中的面团。折叠几下，用保鲜膜包裹住，室温下静置2小时。

3. 将豆沙馅均分16份，每份20克，搓圆，放到器皿中，覆盖保鲜膜，放冰箱冷藏备用。

4. 将面团均分16份，搓圆，码放到保鲜膜上，上面再覆盖一层保鲜膜保湿。

5. 烤箱预热200℃，将搓圆的面团压薄，馅料放中间，用虎口慢慢收口并均匀包裹住馅料。

6. 将面团在炒熟的糯米粉中滚一圈，去除多余的糯米粉，搓圆后呈哑光即可。

7. 用模具罩住面团，均匀用力，压出花纹后，码放到烤盘上，也可以直接在烤盘上脱模。

8. 在月饼表面薄薄地喷一层水雾，放入烤箱，上下火210℃，中下层定型5分钟，烤至米黄色取出，冷却。

9. 蛋黄里加入10克清水，搅拌均匀，过筛，滤出气泡。

10. 用毛刷蘸少许蛋黄水，在月饼表面凸起的花纹处涂抹一层，晾干后再刷一遍，蛋黄水一定要少。

11. 烤箱温度下调至180℃，继续放入中下层烘烤15分钟，直至表面上色。

12. 取出月饼，降温后移到晾网上至完全冷却，装入保鲜盒，室温放置1～2天，等回油后再食用。

同学们，学会了制作月饼的基本方法，还可以尝试创新月饼花纹图案、月饼皮及月饼馅，做出多种多样的美味月饼。

看，这是我们的劳动成果。

我们制作的月饼

美味的月饼做好了，让我们请教医生，了解吃月饼的学问吧！

月饼虽然美味，但属于高热量、高脂肪的食物，食用要适量。

月饼含糖比较多，糖尿病和痛风病病人要选用低糖或者无糖的月饼。患有口腔或牙齿疾病的人，也不宜多吃月饼。食用月饼后要及时清洁牙齿和口腔。

体验营

中秋佳节，我们和家人一起赏月、吃月饼、做花灯、猜灯谜……体验中秋习俗，享受与家人团圆的温馨美好生活。

诗词朗诵会

做花灯

猜灯谜

做月饼

交流园

在制作月饼的过程中，你们有哪些收获？交流一下吧！

我学会了做月饼，还在月饼皮中加入了山药，起到健脾胃的作用。

能和亲人一起分享自己做的月饼真开心。

……

3. 丰收佳节同欢庆

从 2018 年开始，我国将每年秋分设立为"中国农民丰收节"。丰收节里话丰收，农民增收展笑颜，各地一派喜庆热闹的景象。让我们一起欢度丰收佳节吧！

知识窗

中国农民丰收节

2018 年 6 月 21 日，经党中央批准、国务院批复，自 2018 年起，将每年秋分设立为"中国农民丰收节"。

习近平总书记强调，任何时候都不能忽视农业、忘记农民、淡漠农村。设立"中国农民丰收节"，顺应了新时代的新要求、新期待，将极大地调动起亿万农民的积极性、主动性、创造性，提升亿万农民的荣誉感、幸福感、获得感，汇聚起脱贫攻坚、全面建成小康社会、实施乡村振兴战略、加快推进农业农村现代化的磅礴力量。

2018 年 8 月 10 日，时任中央农办主任、农业农村部部长韩长赋主持召开"中国农民丰收节"组织指导委员会第一次全体会议。他在会上强调，要坚持开放搞活办节日，让全社会、全民都参与进来，通过组织开展亿万农民庆丰收、成果展示晒丰收、社会各界话丰收、全民参与享丰收、电商促销促丰收等各具特色的活动，让世界各国了解中国农民的节日。

实践场

在这个丰收的节日里，全国各地收获的农产品多种多样，我们通过网络查询、实地考察的方式去了解吧！

我们小组通过网络查询，搜集到了各地的农产品图片。

烟台苹果

辽宁玉米

陇西中药材

秦皇岛梭子蟹

我们实地考察，了解了家乡的特产。

87

灵动时节 秋季篇
——二十四节气探寻之旅

我们的调查结果

"春种一粒粟，秋收万颗子。"农民伯伯用辛勤的汗水换来了丰收的果实，全国各地的庆祝形式丰富多彩，我们去了解一下吧！

我们可以借助网络看看各地活动的情况。

我们可以采访农民伯伯，了解家乡节日活动的开展情况。

将调查结果记录下来。

丰收节开展情况调查记录				
地区	时间	主题	农产品	活动形式
秦皇岛	9月26日	庆丰收·感党恩·启新程	核桃、板栗、梨、苹果、葡萄等	农产品展示、网络直播带货、休闲采摘、文艺汇演等

各地的丰收节庆祝活动形式多样，我们参与一次校园或家乡组织的丰收节庆祝活动吧！

交流园

通过此次实践活动，大家的收获一定很多，我们交流一下吧！

今年我们家乡的农产品大丰收。

全国各地喜庆丰收，庆祝活动真是丰富多彩！

......

4. 收获与反思

通过这段时间的活动，你最大的收获是什么？展示一下成果吧！

我们把参与的体验活动照片做成了影集。

我们把亲手制作的月饼送给了长辈。

······

同学们在秋分节气的活动中表现如何？留下你的成长足迹。

内容	收获与反思	★★★★★
是否完成预定任务		
最难忘的经历或感受		
活动中遇到的问题与解决的方法		
进步最大的方面		
仍需要提高的地方		
······		

秋分过后就是寒露。"袅袅凉风动，凄凄寒露零。"让我们继续开启寒露节气的探究之旅吧！

采撷秋天的硕果——寒露

寒露，是二十四节气中的第十七个节气，秋季的第五个节气。"寒露寒露，遍地冷露。"寒露是天气转凉的象征，天气从凉爽向寒冷过渡。此时，气温比白露时更低，少雨干燥，秋雾渐起，地面的露水快要凝结成霜了。

让我们迎着飒飒的秋风，去感受寒露时节的独特魅力吧！

寒露

咏廿四气诗·寒露九月节

〔唐〕元　稹

寒露惊秋晚，朝看菊渐黄。
千家风扫叶，万里雁随阳。
化蛤悲群鸟，收田畏早霜。
因知松柏志，冬夏色苍苍。

1. 初探寒将至

每年公历 10 月 7—9 日，太阳到达黄经 195° 时，为寒露节气。

启思苑

关于寒露节气，你想了解哪些内容？

与白露时节相比，寒露时节气温发生了怎样的变化？

寒露时节最常见的天气现象是什么？

……

带着问题，行动起来吧！

与白露时节相比，寒露时节的气温有怎样的变化？一起实地观测吧！

小贴士

　　最高气温是一日内气温的最高值，一般出现在 14—15 时。最低气温是一日内气温的最低值，一般出现在日出前后。

　　观测气温时，可以采用定点的方式，在固定的地点、每天的同一时间进行。

寒露时节气温观测记录表												
观测地点						记录人						
观测日期												
观测时间												
温度（℃）												

　　折线统计图比记录表更能直观反映气温的变化情况。根据上面的观测数据，绘制气温变化折线统计图吧！

　　折线统计图是用折线的升降来表示统计数据变动趋势的图形。

　　绘制时，首先建立平面直角坐标系，横轴表示时间，纵轴表示温度，然后根据观测数据描出相应的坐标点，再把各点用线段顺次连接起来。

_____（地区）_____年寒露气温变化情况统计图

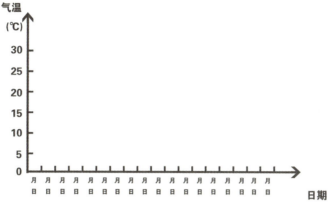

观察折线统计图，可以得出什么结论？

下面是秦皇岛市 2021 年白露与寒露气温变化情况统计图。

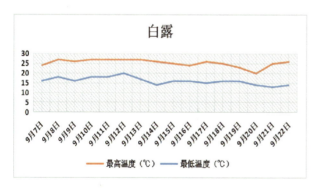

对比观察后，你有什么发现？

实践场

寒露时节，雾是最常见的天气现象。在白露节气的探究中，我们知道露的形成与水蒸气、温度有关。那么，雾的形成与哪些条件有关？提出你的假设吧！

> 假设：1. 雾的形成与水蒸气有关。
> 　　　2. 雾的形成与温度有关。
> 　　　……

想要验证假设是否正确，可以采用实验的方法。怎样设计实验呢？

> 我们可以从自己的假设开始进行逆向思考，然后选择实验器材，制定实验方案。

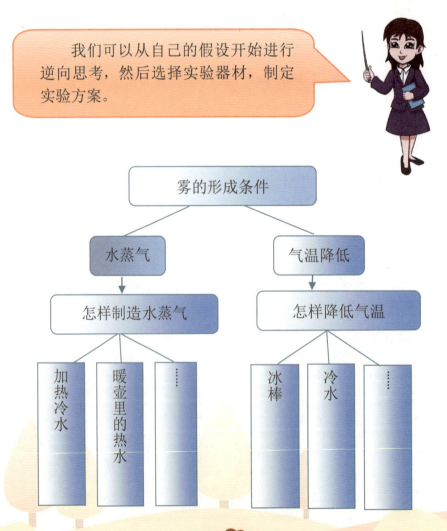

根据思考和讨论的结果，选择合适的实验材料，设计实验方案吧！

> 我们选择的实验材料有烧杯、温水、冰袋。利用温水增加空气中的水蒸气含量，利用冰袋来降低温度。

1. 在透明的烧杯中倒入温水。

2. 将冰袋放在杯口上方约 5 厘米处，再慢慢接近杯口。

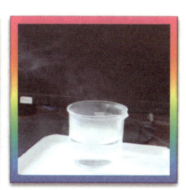

3. 将冰袋移开。

你们的实验方案是怎样设计的？展示一下吧！

"雾的形成"实验方案	
实验目的	模拟雾的形成，探究雾形成的条件。
实验材料	
实验步骤	
注意事项	

按照方案进行实验，认真观察实验现象，写下实验结论吧！

我的结论：

交流一下吧！

温水使空气中的水蒸气含量增加，冰袋降低了烧杯口周围空气的温度，水蒸气遇冷凝结成小水滴，就形成了雾。

可见雾的形成与水蒸气、温度都有关。

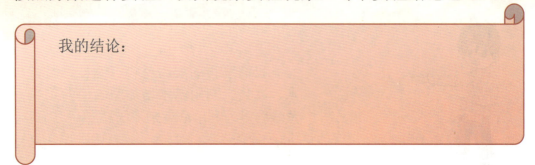

完成我们的实验报告。

"雾的形成"实验报告

实验目的：

实验材料：

实验步骤：

实验现象：

实验结论：

"雾的形成"探究过程符合科学探究的一般过程，在生活和学习中，我们可以按照这样的过程和方法去发现和解决问题。

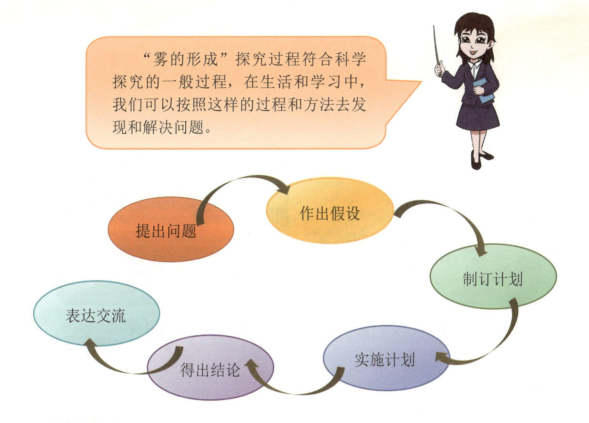

提出问题 → 作出假设 → 制订计划 → 实施计划 → 得出结论 → 表达交流

交流园

参与了实践活动，你有哪些收获？交流一下吧！

我了解了雾的形成过程。

我知道了科学探究的一般过程。

通过绘制折线统计图，我发现寒露时节与白露时节相比，昼夜温差更大了。

……

2. 共赏菊芳华

寒露有三候：一候鸿雁来宾，二候雀入大水为蛤，三候菊有黄华。寒露时节，菊花竞相开放。让我们一起走近菊花，品味菊花香，感受菊之美吧！

知识窗

　　菊花是菊科、菊属的多年生宿根草本植物，属观赏花卉，也称艺菊。菊花与梅、兰、竹并称"花中四君子"，是中国十大名花之一，也是世界四大切花（菊花、月季、康乃馨、唐菖蒲）之一，产量居首。

　　我国是菊花的故乡。据文献记载，我国栽培菊花已有3000多年的历史。公元8世纪前后，作为观赏的菊花由中国传至日本。17世纪末，荷兰商人将中国的菊花引入欧洲，18世纪传入法国，19世纪中期引入北美。此后，中国菊花遍及全球。

活动角

　　通过网络查询，了解菊花的品种。

菊花可以根据花期、花径、颜色、瓣形、叶形、栽培方式等分类。

根据颜色，菊花一般分为单色和复色。

黄金菊

玉翎

根据花瓣形状，可将菊花分为五类。

平瓣类

管瓣类

匙瓣类

桂瓣类

畸瓣类

将你查到的菊花种类写下来吧!

菊花种类繁多,千姿百态。有些花瓣整齐地排列,形成几何图案,蕴含独特的数学之美。

非洲菊

轴对称

大丽花

分形

如果一个图形沿着一条直线对折,两侧的图形能够完全重合,这个图形就是轴对称图形。一个粗糙或零碎的几何形状,可以分成数个部分,且每一部分都(至少近似地)是整体缩小后的形状,即具有自相似的性质,就是分形,具有和谐、对称等美学特征。

自然界中的植物有许多轴对称和分形的例子,一起寻找吧!

菊花不仅可供观赏，还有较高的食用和药用价值，采访中医，去了解一下吧！

小组访谈记录表				
采访时间			采访地点	
采访人			被采访人	
成员分工	提问	记录	拍照	⋯⋯
采访内容				
我们的收获				

实践场

拿起手中的相机，走进公园，用镜头拍下菊花的曼妙多姿吧！

怎样才能拍出菊花的美呢？

摄影，是一门用光的艺术。拍摄菊花时，利用好光线非常重要。光线有多种表现形式，如顺光、逆光、侧光、反光、透射光、天空光、区域光、折射光，等等。

顺光：顺着光源照射的方向拍摄，是最为常见的光位，可以更好地记录主体的姿态和色彩。

逆光：从主体后方照射过来的光线，可以在主体外形成光影轮廓。

侧光： 从主体侧面照射的光线，可以表现主体的轮廓形状，有丰富的光影效果，同时有强烈的立体感。

构图能增强画面的艺术效果。构图方法有很多，如三角形构图法、对称构图法、对角线构图法等。最常用的是"九宫格"构图法。

"九宫格"构图法，就是遵循黄金分割法则，把整个画面按"井"字分割，将兴趣点放到一个交叉点上，保持画面中元素的均衡和合理呼应。

"黄金分割法"，最早是由古希腊毕达哥拉斯学派发现，是指事物各部分间一定的数学比例关系，即将整体一分为二，较大部分与较小部分之比等于整体与较大部分之比，其比值约为 1 ：0.618。此比例是最能引起人的美感的比例，因此被称为"黄金分割"，广泛地适用于生活的许多领域。0.618 被公认为是最具有审美意义的比例数字，也被称为"黄金数"。

运用学到的拍摄技巧，去拍摄菊花吧！

展示台

通过实践，你们一定对菊花有了更多的了解，展示一下成果吧！

我知道中国人从古至今极爱菊，古人尤爱以菊明志。我还参加了学校"金秋诵菊 诗以咏怀"的主题活动。

菊花与其他中药材搭配泡茶，可以发挥不同的功效。我把亲手泡好的菊花茶送给长辈品尝。

为弘扬我国传统的菊花文化，各地纷纷举办菊花展或菊花节。在秦皇岛菊花节上，我目睹了菊田花海的美。

菊花在我国又被称为"延寿客",因此,重阳节敬老、爱老活动中历来有赏菊花、饮菊花酒等风俗。

晒晒我们的活动

交流园

通过活动,你有哪些收获与感想?和大家分享一下吧!

我认识了很多不同种类的菊花,还参加了"菊文化"诵读活动。

我参加了菊花摄影展,学到了拍摄菊花的技巧。

......

3. 解码稻米香

寒露时节，水稻已经成熟，新大米开始上市。

知识窗

　　人们通常把粮食作物统称为"五谷"。"五谷"指的是稻、黍（shǔ）、稷（jì）、麦、菽（shū）。其中，稻是水稻，黍是黄米，稷是粟米（小米或高粱），麦是小麦，菽是豆类。

　　水稻是一种禾本科稻属的谷类作物，原产自我国。7000年前我国长江流域的先民们就曾种植水稻，广泛栽种后传播到印度，中世纪引入欧洲南部。

　　水稻属于直接经济作物，世界近一半人口以大米为主食。我国是世界上水稻产量最高的国家，主产区是长江流域、珠江流域、东北地区。除可食用外，水稻还可以酿酒、制糖、作为工业原料，稻壳和稻秆可以作为牲畜饲料。

　　水稻按稻谷类型分为籼（xiān）稻和粳（jīng）稻、早稻和中晚稻、糯（nuò）稻和非糯稻；按留种方式分为常规水稻和杂交水稻。水稻所结籽实即稻谷，稻谷脱去颖壳后称糙米，糙米碾去米糠层即可得到大米。大米的营养十分丰富，是我国人民的主要食粮之一。

启思苑

　　关于大米，你想知道哪些内容？

我想知道怎样挑选大米。

妈妈常常为大米生虫子而发愁，我想找到解决问题的好办法。

我想……

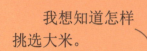

如何挑选优质的大米呢？一起走进超市寻找答案吧！

挑选散装大米，主要用"看、抓、闻、尝"的办法；挑选袋装大米，主要看包装袋上的标识。

散装大米的鉴别方法	
看	新鲜大米一般呈白色。颜色发黄、粗糙没有光泽，米粒表面呈现灰粉状或者有白道沟纹的，通常都是由于放置时间过长或者保存不当，可能是陈米。
抓	将手插入大米中，抽出后如果手上有少许白色粉面，然后轻轻一吹就掉了，说明是新米。
闻	
尝	

大米包装袋上的标识有助于我们区分大米的不同品质、产地、品牌、口味等。

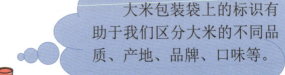

执行标准 GB/T 19266，其中"GB"代表国家标准，"T"是推荐标准。"T"后面5个数字代表高品质，4个数字代表普通品质。

原产地标志

国家地理标志保护产品

有机产品认证

"原产地标志"代表大米的主要产地；"国家地理标志保护产品"标志代表产自特定地域，且具有一定质量、声誉或特性，经审核批准以地理名称进行命名的产品；"有机产品认证"标志代表这种大米真正无污染，符合健康要求。

110

挑选大米有技巧，储存大米也有讲究。通过上网搜索、查阅书籍、采访等方式了解一下吧！

将调查到的信息汇总。

储存大米的常见问题及解决办法调查表		
常见问题	产生原因	解决办法
生虫	1. 水稻收割前，虫卵已在秧苗上寄生； 2. 储藏环境过于潮湿； 3. 加工过程中，传送带、仓库等地方可能残留虫卵，孵化成米虫。	采取日晒或放置花椒等方法防虫。
霉变	储存环境温度高、湿度大，或与水分高的食品同时储存。	储存在阴凉、干燥通风处。

大米一旦发霉，就会产生黄曲霉素，危害人的身体健康。因此，发霉的大米不能食用。

怎样储存大米才不易变质呢？

储存大米的方法有很多，如瓶装防虫法、大蒜防虫法、花椒防虫法、干海带防虫法、食用碱防虫法、白酒防虫法等。

瓶装防虫法

　　把袋装的大米分别装入饮料瓶内密封，能保存很长时间不生虫。

花椒防虫法

　　用纱布包一些花椒粒，放入装米容器的上、中、下不同位置，再把容器盖严。或者把装米的袋子直接放到煮好的花椒水中浸透并晾干，再装米密封，可以防止生虫。

干海带防虫法

　　在大米中放一些干海带，大米和海带的比例约为 100∶1，隔 10 天左右取出并晒干，再放回米缸。此方法可反复使用，能有效防止大米霉变和生虫。

你搜集到了哪些储存大米的方法？分享一下。

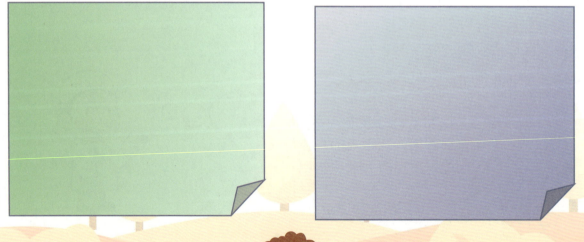

实践场

瓶装防虫法、花椒防虫法和草木灰吸湿法在生活中较为常用。这些方法效果怎么样？验证一下吧！

准备材料：4 等份干燥的大米，1 个饮料瓶，3 个塑料袋，用纱布包好的 3 包花椒、1 包草木灰。

1. 将大米分别装入饮料瓶和 3 个塑料袋，贴好标签。将花椒包、草木灰包分别放入其中 2 个米袋。

2. 米瓶和米袋密封，放置在潮湿、闷热（温度在 20 ℃ 以上）的环境中。

3. 半个月后，取出大米观察结果。

你看到了什么？这些方法有效吗？写下来吧！

生虫、霉变会造成大米的浪费。生活中，我们也要拒绝"舌尖上的浪费"。

"民以食为天"，粮食是人类赖以生存的必备物资。因世界性粮食危机，1979 年 11 月，第 20 届联合国粮农组织大会决定，将 1981 年 10 月 16 日确定为首届"世界粮食日"。

爱惜粮食，让我们行动起来吧！

交流园

通过活动，你一定有很多收获，交流一下。

防止大米生虫、发霉的方法真多，我帮妈妈解决了大难题。

节约粮食是每个人应尽的义务。

真没想到购买大米还有这么多学问。

……

资料库

　　袁隆平（1930—2021），著名农业科学家，我国杂交水稻事业的开创者和领导者，世界上第一个成功地利用水稻杂种优势的科学家，是享誉全球的"杂交水稻之父"。

　　他一生致力于杂交水稻技术的研究、应用与推广，发明"三系法"籼型杂交水稻，成功研究出"两系法"杂交水稻，创建了超级杂交稻技术体系；提出并实施"种三产四丰产工程"，运用超级杂交稻的技术成果，出版中、英文专著6部，发表论文60余篇。

　　袁隆平的杰出贡献，使中国杂交水稻研究处于国际领先地位，具备强大的核心竞争力，对世界粮食安全和良种技术传播作出了重大贡献。杂交水稻被誉为"第二次绿色革命"，被联合国粮农组织列为解决发展中国家粮食短缺问题的首选技术。

4. 收获与反思

在寒露节气的实践活动中，大家一定收获了很多，把你们的研究成果展示出来吧！

你们想用什么样的方式展示成果呢？

你和小组成员的表现怎么样？一起来反思评价吧！

反思与评价	
活动中我的表现	
活动中遇到的问题与解决的方法	
进步最大的地方	
得到了小组成员的哪些帮助	
仍需要提高的地方	

寒露结束，草木黄落，寒霜飞上枯荷，让我们踏上霜降节气的探秘之旅吧！

采撷秋天的硕果——霜降

霜降，是二十四节气中的第十八个节气，秋季的最后一个节气。此时，早晚较冷、中午较热，昼夜温差进一步加大，是秋季向冬季的过渡。

霜降时节，万物随寒气增长而逐渐萧瑟，落叶满地，别有一番景致。让我们跟随节气的脚步走入霜降吧！

霜降

谪居黔南十首 其二

〔宋〕黄庭坚

霜降水反壑，风落木归山。
冉冉岁华晚，昆虫皆闭关。

1. 霜降时节小调查

每年公历 10 月 23—24 日，太阳到达黄经 210° 时，进入霜降节气。

> 霜，是一种自然现象，是空气中的相对湿度到达 100% 时，水分从空气中析出，在地面和物体上凝华而成的冰晶。只有近地表的温度低于 0℃ 时，才会结霜。
> 霜降是表示气温骤降的节令，霜降不一定"降霜"。
> 霜通常出现在秋、冬、春这三个季节。气象学上一般把秋季出现的第一次霜称为"早霜"或"初霜"，而把春季出现的最后一次霜称为"晚霜"或"终霜"。我国地域广阔而地形复杂，各地初霜日期差异很大，由北向南逐渐推迟。初霜最早出现在东北北部、大兴安岭、小兴安岭地区，大约在 9 月中旬之前。最晚在长江上游的四川盆地，直到 12 月份才出现初霜。

关于霜降节气，你想知道些什么呢？

我想知道霜降三候和霜降节气的习俗。

霜对农作物有什么影响？

……

先来制订活动计划吧！

＿＿＿＿＿小组活动计划	
活动目的	1.了解霜降三候、霜降习俗、关于霜降的诗词谚语等。 2.调查霜对农作物的影响。
小组成员	
活动方法	
活动过程	1.查阅书籍、上网搜集资料，了解霜降三候、习俗、关于霜降的诗词谚语等。 2.采访秦皇岛市农业农村局的工作人员，了解霜对农作物的影响。 ……
预期成果及呈现方式	

制订了计划，开始行动吧！

活动角

活动中，你了解到哪些关于霜降的内容？交流一下吧！

通过查阅书籍和上网搜集资料，我们了解到霜降三候的内容及含义。

霜降三候

一候豺乃祭兽。豺狼将捕获的猎物先陈列后再食用。

二候草木黄落。大地上的树叶枯黄掉落。

三候蛰虫咸俯。蛰虫在洞中不动不食，垂下头来进入冬眠状态。

我们搜集了霜降的习俗、谚语、诗词。

习俗

1. 吃红柿
2. 登高远眺
3. 饮酒赏菊
4. 霜降拔萝卜

谚语

霜降见霜，谷米满仓。
霜降拔葱，不拔就空。
迎伏种豆子，迎霜种麦子。
霜降没下霜，大雪满山岗。

诗词

霜　月
〔唐〕李商隐

初闻征雁已无蝉，
百尺楼高水接天。
青女素娥俱耐冷，
月中霜里斗婵娟。

习俗

谚语

诗词

通过采访秦皇岛市农业农村局的工作人员，我们知道了霜对农作物有好处也有坏处。

好处：减轻植物的冻结程度、利于受冻植物慢慢复生；为作物提供水分；冻死越冬害虫；使作物聚集糖分，提高果蔬品质。

坏处：可能发生霜冻现象，使植物组织细胞中的水分结冰，造成植物损伤或死亡。

霜冻严重危害农作物的生长，有哪些预防的办法？把你调查的结果写下来吧！

在活动过程中，你们一定积累了很多活动资料，展示一下吧！

> 我们的资料有各种计划、记录、资料卡、活动照片等。

霜降时节小调查活动计划

活动目的	1.了解霜的形成及相关知识 2.调查霜降三候及霜降习俗 3.搜集关于霜降节气的诗词和谚语
小组成员	组长：牛婷婷 组员：张晓宇、王浩、刘爽、赵雅菲
活动方法	资料搜集法、访谈法
活动时长	15天
活动内容 与过程	10月23日—10月25日 通过查阅图书和上网搜集资料，了解霜的形成及霜对农作物的影响。 10月26日—10月28日 上网搜集霜降三候，通过采访，了解霜降节气的习俗。 10月29日—11月2日 搜集关于霜降的诗词和谚语。 11月3日—11月6日 整理活动资料，完善活动档案。
预期成果及 呈现方式	资料卡、手抄报、美篇、小视频

采访记录

采访时间	10月25日	采访地点	农业局
采访对象	农业局工作人员		
采访主题	霜冻的危害及预防措施		
采访 内容 记录	1.在秦皇岛地区，容易遭受霜冻危害的农作物有哪些？ 回答：秦皇岛地区容易遭受霜冻危害的农作物包括秋作物玉米、高粱，越冬作物冬小麦等。 2.预防霜冻的方法有哪些？ 回答：常见的防东方法有三种，烟熏法、灌溉法和覆盖法。 覆盖法，就是给作物覆盖上草席、秸秆、帘子等，通过这种方式隔绝空气，保护地温。 灌溉法，就是给农田浇水，增加土壤中的热容量，这样在下霜以后，土壤回温就会变慢，浇水农田中的温度比不浇水的农田高1～2度左右。 烟熏法，就是在易受霜冻的农田周围点燃柴草、作物秸秆等燃料，提高田间温度，减少冻害产生。		
收获 与感受	霜冻是农作物的"杀手"！只要我们发现了规律，掌握了方法，就能有效地防御霜冻，让农作物安全过冬！		

霜 的 形 成

　　霜，是一种自然现象，"霜"不是从天上降下来，而是空气中的水汽遇到寒冷天气凝结成的。

　　当空气中的相对湿度达到100%时，地面的温度迅速降低到0℃以下，水分从空气中析出，在地面及近地面物体上凝华而成的冰晶就是霜。

　　霜的形成和天气条件有关，也和物体的属性有关。寒冷晴朗微风的夜晚，最有利于霜的形成。夜间物体表面辐射散热并迅速冷却，由于草叶很轻，表面积较大，在同一时间内表面积较大的物体散热较多，冷却得较快，所以草叶上就容易形成霜。另外，粗糙的物体表面上更容易形成霜。

霜冻及其危害

　　霜冻是一种比较常见的农业气象灾害。当白天气温高于0℃，而夜间气温短时间内下降至0℃以下时，就会出现霜冻现象。

　　霜冻往往伴有白霜，也可不伴有白霜，不伴有白霜的霜冻被称为"黑霜"或"杀霜"。

　　出现霜冻时，农作物会脱水结冰，受到损害，甚至干枯死亡。作物最怕三种霜冻，一是秋季过早的初霜，常危害喜温作物。二是隆冬过后的"冻后霜"，这时气温降到很低，而次日猛晴，气温突然升高，使越冬作物遭受严重冻害。三是春季晚霜，这时作物的抗寒力减弱，容易受冻害。

　　我们还录制了小视频，向大家介绍霜降节气！

实践场

　　我们的活动资料真不少！怎样整理、保存这些资料呢？建立小组档案是一个好办法。

　　对于纸质资料，可以分类整理，保存在档案盒或档案袋中；对于电子资料，可以在电脑上建立小组档案文件夹，在文件夹中进行分类保存。

　　为了使活动资料的收集更有目的性，小组档案的建立也可以放在活动前进行。

一起利用档案袋整理纸质资料吧！

首先，我们为小组档案袋设计一个漂亮的封面，封面上要有小组的基本信息。

设计富有个性的封面，把它粘贴在档案袋外面，展示一下吧！

其次，小组档案袋中应该放什么？讨论一下，对活动资料进行筛选和补充吧！

小组档案袋的内容一般包括活动中制订的计划、收集的资料、活动记录和照片、作品、反思、评价表等。

小组档案袋不是所有材料的简单堆砌，而是应当有一定的选择。例如一些未经整理的零散资料，一般情况下不必保存到小组档案袋中。

确定了小组档案袋的内容，还要对活动资料进行分类、排序。

小贴士

活动资料分类的方法有很多，其中，按照综合实践活动的进程进行分类是一种常见的方法。

1. 首先将活动资料按照活动准备、活动过程、活动总结等不同阶段进行分类和排序。其次，将每个阶段的资料进一步细分，如活动过程阶段细分为"收集资料篇""采访篇"等。

2. 为了便于翻阅查找，不同阶段的活动资料可以用不同颜色的隔页纸隔开，隔页纸上要标注清楚本页后面存放的是哪方面资料。

接下来，为小组档案袋中的内容编排页码，建立目录。展示一下你们的目录吧！

目录

资料类别	序号	资料名称	页码
计划篇	1	霜降时节小调查活动计划	1
收集资料篇	2	霜降三候	2-3
	3	霜降习俗	……
	4	关于霜降的谚语	
	5	关于霜降的诗词	
	6	霜的形成	
	7	霜冻及其危害	
	……		
采访篇			
……			
成果篇			
……			

最后，把所有的资料按照先目录、后活动资料的顺序装进去，我们的小组档案袋就初步建立完成了！

掌握了建立档案的方法，接下来我们就可以随时收集资料，继续充实档案袋啦！

活动中，你有哪些收获和感想呢？分享一下吧！

> 我们了解到很多关于霜降节气的知识。

> 我们学会了建立小组档案的方法。

> 活动过程中，我们要注意收集资料。

资料库

霜降养生小常识

1. 足部保暖。脚有人体"第二心脏"之称。俗话说："白露身不露，寒露脚不露。"而霜降在寒露之后，更应"脚不露"，以防"寒从足生"。晚上用热水泡脚，可使足部的血管扩张、血流加快，改善足部皮肤和组织营养状况，减少下肢酸痛的发生，缓解疲劳。

2. 适时添衣。霜降节气后昼夜温差较大，要留心气温变化，注意防寒保暖，逐渐增添衣服。穿衣最好厚薄搭配，防止着凉感冒。

3. 合理饮食。多吃富含蛋白质、钙质的食物，如奶制品、豆制品、鱼虾、海带等，既可预防骨质疏松，又可营养软骨及关节。

4. 适当运动。霜降以后气温越来越低，最好等太阳出来或比较暖和的时候再出门锻炼。每次运动前，一定要做好充分的准备活动，注意动与静的合理安排，不宜过度劳累。

2. 霜降时节秋叶飞

霜降时节，草木黄落，树叶纷飞，好像蝴蝶翩翩起舞。我们一起观察秋天的树叶，探寻它们的奥秘吧！

启思苑

关于秋天的树叶，你们想了解哪些内容呢？

为什么银杏树叶会变黄，枫树叶会变红？

树叶为什么会掉落？秋天的落叶有哪些用途？

……

活动角

霜降时节，树叶为什么会变色？从书籍、报刊、网络中去寻找答案吧！

通过搜集资料，我们对树叶变色的原因有了清晰的认识和了解，把结果记录下来吧！

树叶变色原因调查汇总表			
树木名称	图片	变色情况	变色原因
银杏树		由绿变黄	秋季，随着气温降低、光照时间缩短，树叶中的叶绿素渐渐分解，叶绿素含量降低，树叶中原有的叶黄素含量增多，所以树叶呈现黄色。
枫树		由绿变红	

我知道了，树叶变色是由叶子中的天然色素含量和比例不同造成的。叶绿素所占比例较大，叶片呈绿色；叶黄素或胡萝卜素所占比例较大，叶片呈黄色或橙色；花青素所占比例较大，叶片则呈红色。

灵动时节
——二十四节气探寻之旅　秋季篇

花青素又称花色素，是自然界一类广泛存在于植物中的水溶性天然色素。花青素本身是无色的，但可以随着细胞液的酸碱性改变颜色。

生活中常见的紫甘蓝、蓝莓、黑枸杞都含有花青素。我们一起做花青素变色实验吧！

花青素变色实验	
实验准备	紫甘蓝、温水、食用纯碱、洗衣粉、白醋、柠檬水、透明杯子、烧杯、玻璃棒
实验过程	

1. 将紫甘蓝撕成小块放进烧杯中。

2. 向烧杯中倒入温水并用玻璃棒搅拌均匀。

3. 将烧杯中的溶液分别倒入5个透明的杯子中。

4. 将食用纯碱、洗衣粉、柠檬水、白醋分别加入4个透明杯子中并搅拌，与第五个杯子中的溶液颜色进行对比。

写下你们的实验结论吧！

花青素遇酸变红、遇碱变蓝。秋天，树叶中的叶绿素因气温下降而渐渐分解，同时细胞液泡的酸碱性也会发生改变，偏酸性的细胞液环境使得花青素变红，叶片就随之变成了红色。

实践场

随着气温降低，有些树木的叶子也会渐渐掉落。哪些树木会落叶？哪些树木不会落叶？一起走进大自然，观察并记录下来吧！

树木落叶情况观察记录表

观察时间			观察地点		
落叶树木			不落叶树木		
名称	图片	树叶形态特征	名称	图片	树叶形态特征
杨树		形状为卵圆形，长度为7～10厘米。	松树		树叶呈针状，通常2针或3针一束。
梧桐		形状为阔卵形，叶子直径最长可达30厘米。	黄杨		叶片革质，阔椭圆形，长1～3厘米，宽0.8～2厘米。

为什么有的树木会落叶而有的却不会？讨论一下吧！

秋天气温降低，叶子掉落可能是为了减少水分和营养的消耗。

不落叶树木叶片比较小、厚或呈针状，有的表面有一层像蜡一样的物质，可以保护树叶不被冻坏，减少水分的蒸发。

……

大胆地写下你的猜测。

上网查找资料，了解树木落叶或不落叶的原因吧！

秋冬季节，日照缩短，气温降低，昼夜温差大，树叶掉落是树木自我保护的一种方式。有些树木不落叶，则和它的自身特点有关。

知识窗

秋冬季节，树叶中会产生一种激素——脱落酸。当叶片中的脱落酸输送到叶柄基部时，在叶柄基部会形成一层非常小而细胞壁又很薄的薄壁细胞，植物学家称这种薄壁细胞为离层。离层的形成使水分不能正常输送到叶子里，叶子就脱落了。

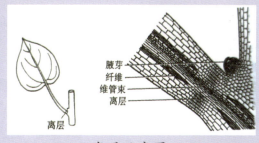

离层示意图

展示台

秋天的树叶还有很多用途，我们一起去寻找答案，展示一下吧！

我们小组利用采集到的叶子，大胆想象，制作出了各种精美的作品，如树叶贴画、叶脉标本、秋叶花艺、树叶彩绘等，留住了五彩斑斓的秋天。

通过查阅资料，我们小组知道了被霜打后的桑叶是一味中药。桑叶茶具有祛风散热、杀菌消炎、清凉明目、降血压、减肥等功效，还可以辅助治疗糖尿病、心血管疾病、痤疮、青春痘等。

我们小组用树叶发酵肥料。我们先收集好树叶，准备好土和水。然后将树叶均匀铺开，上面盖上一层土，再均匀喷水后放置。等树叶发霉腐烂，肥料就发酵成功了。

交流园

通过研究和实践，你们有哪些收获呢？

我知道了秋天树叶掉落的原因。

秋天，树叶变色与树叶中的天然色素含量有关。

……

3. 霜降时节红薯甜

霜降节气，正值红薯收获的最佳时期。红薯是一种营养丰富的天然滋补食品，藏着许多值得探寻的小知识。让我们一起走近红薯、了解红薯吧！

启思苑

说到红薯，你想了解什么呢？

红薯是怎样收获的？

红薯长在土里，它属于根吗？

红薯有什么用途？

活动角

"寒露早，立冬迟，霜降收薯正当时。"走进红薯地，亲手收获红薯，做个劳动小能手吧！

劳动过程中，你知道了哪些收获红薯的小窍门？写下来吧！

收获了红薯，认真观察一下吧！

红薯是块状的，上面还长着长短不一的细须呢！

136

这些是什么？它们的颜色看起来像红薯，但不如红薯那么饱满肥大。

带着问题，上网查一查吧！

红薯、细须和上图中看起来像红薯的部分，都是红薯的根，分别为块根、纤维根和柴根。三种根的生长发育情况不同，其中，块根和纤维根是红薯生长过程中的正常根，而柴根则是畸形根，又叫梗根。

红薯的三种根各有什么作用？把现场观察和网络查询的结果记录下来吧！

根的名称	形态特征	作用
块根		
纤维根		
柴根		

红薯的根可真有趣！我们常吃的马铃薯同样是块状的，生长在土里，它也是块根吗？一起探究吧！

比较一下它们的外部形态。

红薯两端较细，中间比较粗大。马铃薯呈不规则的扁圆形或球形。

红薯表面长有纤维根，而马铃薯表面比较光滑，有一个个小坑……

……

红薯和马铃薯的观察记录表		
观察项目	红薯	马铃薯
颜色		
形状		
表面特征		
……		

上网查阅资料，了解马铃薯各部位的名称。

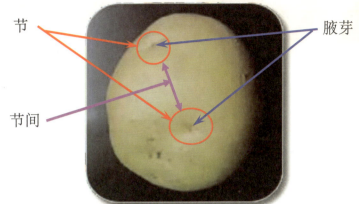

节　　腋芽

节间

马铃薯有节、节间和腋芽，这些都是茎的显著特征。此外，马铃薯的内部结构也符合茎的特征，因此，马铃薯是块茎。红薯不分节，没有节和节间，也没有腋芽，属于块根。

块茎和块根都属于植物营养器官的变态。

知识窗

植物营养器官的变态

在自然界中，有些植物的营养器官（根、茎、叶）适应不同的环境，有特殊的生理功能，其形态结构就发生变异，经历若干世代以后，越来越明显，并成为这种植物的特性，这种现象称为营养器官的变态。植物的根、茎、叶都有变态的现象。

根的变态包括贮藏根（有肉质直根、块根）、气生根（有支柱根、呼吸根、攀援根等）、寄生根（吸器）。

茎的变态包括地下茎的变态（有块茎、鳞茎、球茎、根状茎等）、地上茎的变态（有茎卷须、枝刺、叶状枝、肉质茎等）。

叶的变态，有苞叶、叶卷须、鳞叶、叶刺、捕虫叶等。

胡萝卜的
肉质直根

洋槐的托叶刺

仙人掌的肉质茎

找一找生活中的变态根、变态茎和变态叶。

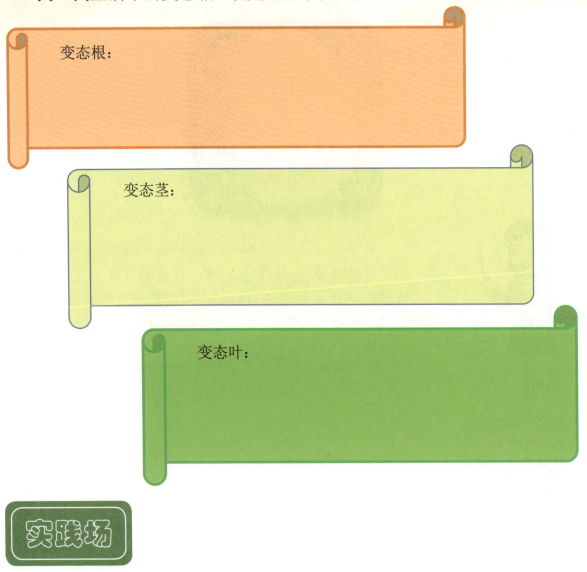

变态根：

变态茎：

变态叶：

实践场

红薯可以直接用来制作美食，还可以进一步加工成淀粉，再深加工成粉皮、粉条、粉丝等产品。

我们一起尝试提取红薯淀粉吧！

小贴士

1. 提取过程中要使用刀具和破壁机，操作时注意安全。
2. 取出湿淀粉时，注意将汤匙轻轻插入湿淀粉里，然后快速挖取。

提取红薯淀粉

1.切块。选取富含淀粉的红薯（多为白瓤），洗净切块。

2.磨浆。将薯块放入破壁机中，加水打碎成浆水。

3.过滤。将浆水倒入纱布，过滤出细渣。

4.静置。将过滤后的液体放入容器内，静置4小时。

5.放浆。将水倒出，容器底部白色的固体即湿淀粉。

6.晾干。将容器底部的淀粉取出晾干就得到了干淀粉。

把你的成果展示给大家吧！

交流园

回顾活动过程，交流、分享你们的收获和感受吧！

我体验了收获红薯的乐趣，还学会了很多劳动小窍门。

我知道了红薯是块根，而马铃薯是块茎。

我掌握了从红薯中提取淀粉的方法。

资料库

　　红薯，别称甘薯、地瓜、红苕等，起源于美洲的热带地区，明朝万历年间传入我国。清朝乾隆年间，红薯在我国广泛种植。

　　红薯富含蛋白质、淀粉、果胶、膳食纤维、氨基酸、维生素及多种矿物质，被人们誉为"长寿食品"。红薯的块根除了作主粮外，也是食品加工、淀粉和酒精制造工业的重要原料，根、茎、叶是优良的饲料。

　　红薯是一种高产并且适应性强的粮食作物，我国南起海南省，北到黑龙江省，西至四川西部山区和西南云贵高原，红薯均有种植。现在，我国的红薯种植面积和总产量均居世界首位。

4. 收获与反思

在"采撷秋天的硕果——霜降"这一节气的主题活动中，你一定有自己的成果与收获，一起交流和总结一下吧！

我知道了霜降时节树叶变色、掉落的原因。

我对红薯有了更多的了解，还知道了许多食品都是由红薯淀粉加工而成的。

我学会了利用档案袋整理活动资料的方法。

……

对自己的表现进行评价吧！

评价内容	梳理与总结	自我评价
是否全程参与本组活动		
活动中的收获		
活动中遇到了哪些问题，是怎样解决的		
哪些方面还有待提高		
……		

霜降是硕果累累的秋季的最后一个节气。霜降过后，气温逐渐降低，我们将迎来寒冷的冬季。让我们带着美好的憧憬踏上冬季节气的探寻之旅吧！

我参与 我快乐 我体验 我收获

秋叶纷飞，层林尽染，我们欣赏着秋日绚丽的色彩。

瓜果飘香，五谷丰登，我们感受着秋季丰收的喜悦。

我们在研究中发现，在活动中体验，在操作中实践……

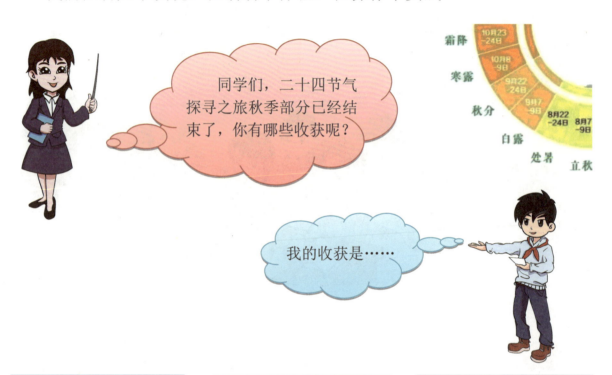

同学们，二十四节气探寻之旅秋季部分已经结束了，你有哪些收获呢？

我的收获是……

最喜欢的节气：	最感兴趣的活动形式：	印象最深的一次活动：
在小组合作中最大的进步：	最大的收获：	

看看大家对你的评价吧！

伙伴说：

老师说：

家长说：

我想对自己说：

努力才会有收获。让我们继续勇敢前行，在合作与实践中欣赏节气之美，感受文化之韵，探究自然之律，记录成长之旅！

图书分类◎课外读本

ISBN 978-7-5761-0401-1

9 787576 104011 >

定价：28.80元